入学前からはじめよう

発達が気になる子の「できる」を増やすからだ遊び

神奈川県立保健福祉大学教授　作業療法士
笹田哲 監修

小学館

はじめに

小学校での学校生活を
スムーズにはじめられる準備を

小学校に入ると、先生の指示を聞いて、集団の流れに合わせて、てきぱきと行動しなければなりません。でも、中には、流れに乗れなくて困っている子どもたちを見かけます。それは、授業中だけではありません。昇降口で靴を脱ぎ履きするのに手間取ったり、給食を時間内に食べられなかったり、着替えが遅くて体育の授業に遅れたりするケースが見られます。家庭では、ご飯を食べることや、服を着ることができていたとしても、小学校で、みんなと同じペースでできるとは限らないのです。

家庭でのお子さんの様子をよく見てみましょう。「いまの体の使い方のままでは、小学校に入ったら困る（困っている）かもしれない」と思うことが見つかるかもしれません。

そこで、この本では、気をつけてあげたい日ごろの様子について、チェックリストを作りました。もし、お子さんの様子に心配なことが見つかったら、体の使い方を改善する遊びに取り組んでみてください。

「小学校の授業」と聞くと、教室で勉強するイメージが浮かぶかもしれませんが、教室では、椅子に座って、鉛筆を持って、書いているだけではありません。体育はもちろん、図画工作や音楽など、各教科で体や指先などのさまざまな動きが求められます。算数の授業でも、ノートに書いて計算する前に、算数ブロックを使って数を数える作業などがあります。そして、それぞれの動きがスムーズにできないと、子どもは失敗してしまったと自信をなくし、不安になります。その結果、やる気がなくなり、学習の遅れにつながることがあります。そうならないためにも、早めにケアしてあげたいものです。

本書は、お子さんが、学校生活をスムーズにはじめられ、いきいきと学習に参加できるように、サポートする内容を盛りこみました。授業や学校生活のいろいろな場面で必要となる基本の動きを解説し、体や指先の動きを高める親子遊びを紹介しています。

お子さんの様子に合わせて、適した遊びを見つけてください。

笹田哲

もくじ

この本の使い方

本書は、小学校でのシーン、チェックリスト、遊びプログラムの3つから構成されています。

小学校でのシーンでは、学校生活場面と教科学習場面を取り上げ、学習を効率よく行うための体の動きを解説しています。

次のチェックリストでは、「できない」子どもによく見られる体の動きを取り上げました。お子さんにあてはまる項目があるか確認してみましょう。これは欠点を見つけるためではありません。「できない」を「できる」に変えるための1つの指標です。

チェックリスト

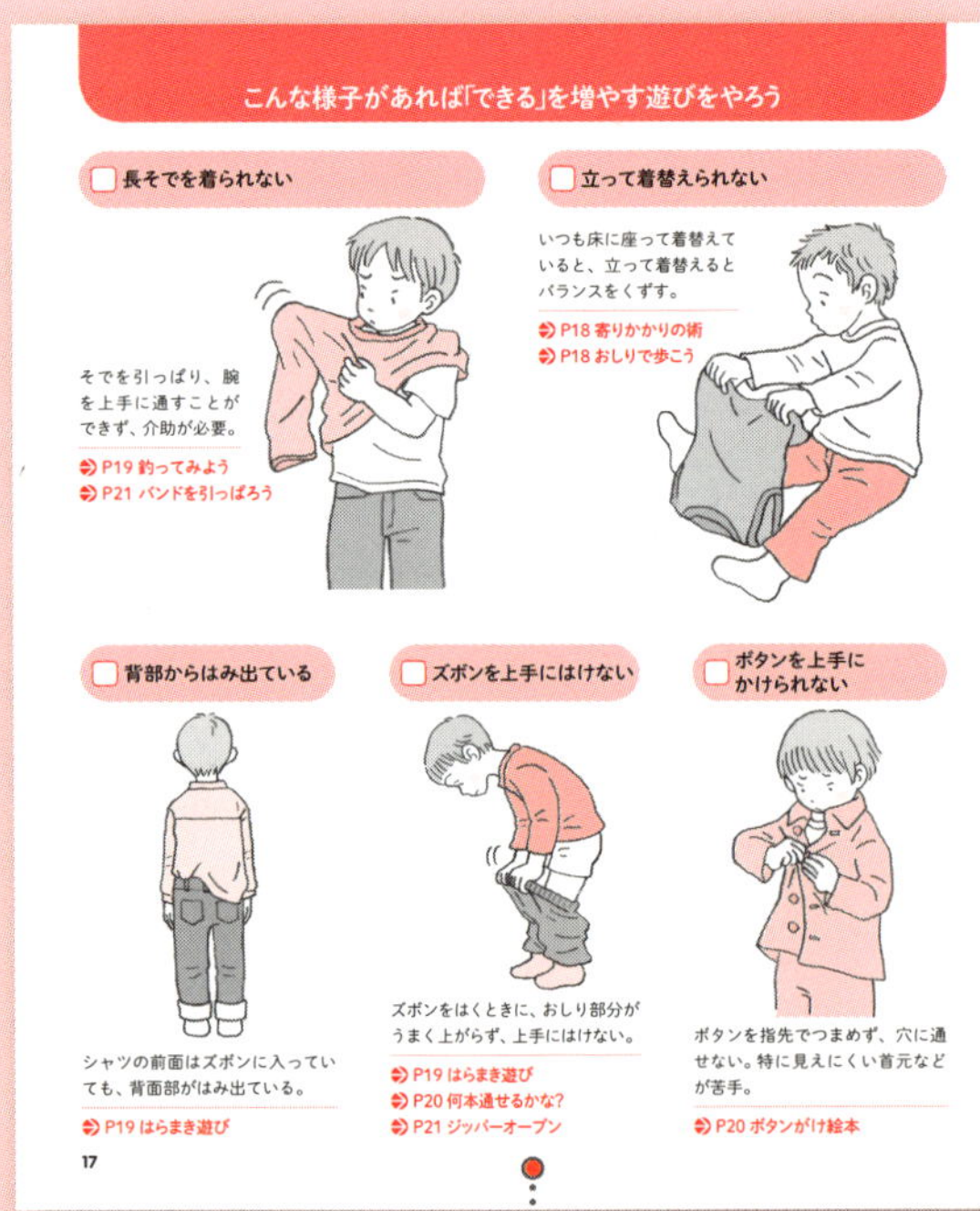

こんな様子があれば「できる」を増やす遊びをやろう

□ 長そでを着られない

そでを引っぱり、腕を上手に通すことができず、介助が必要。

⇒ P19 釣ってみよう
⇒ P21 バンドを引っぱろう

□ 立って着替えられない

いつも床に座って着替えていると、立って着替えるとバランスをくずす。

⇒ P18 寄りかかりの術
⇒ P18 おしりで歩こう

□ 背部からはみ出ている

シャツの前面はズボンに入っていても、背面部がはみ出ている。

⇒ P19 はらまき遊び

□ ズボンを上手にはけない

ズボンをはくときに、おしり部分がうまく上がらず、上手にはけない。

⇒ P19 はらまき遊び
⇒ P20 何本通せるかな?
⇒ P21 ジッパーオープン

□ ボタンを上手にかけられない

ボタンを指先でつまめず、穴に通せない。特に見えにくい首元などが苦手。

⇒ P20 ボタンがけ絵本

17

「できない」子に、よく見られる様子を紹介。チェックがつく項目があれば、遊びのページへ。

小学校でのシーン

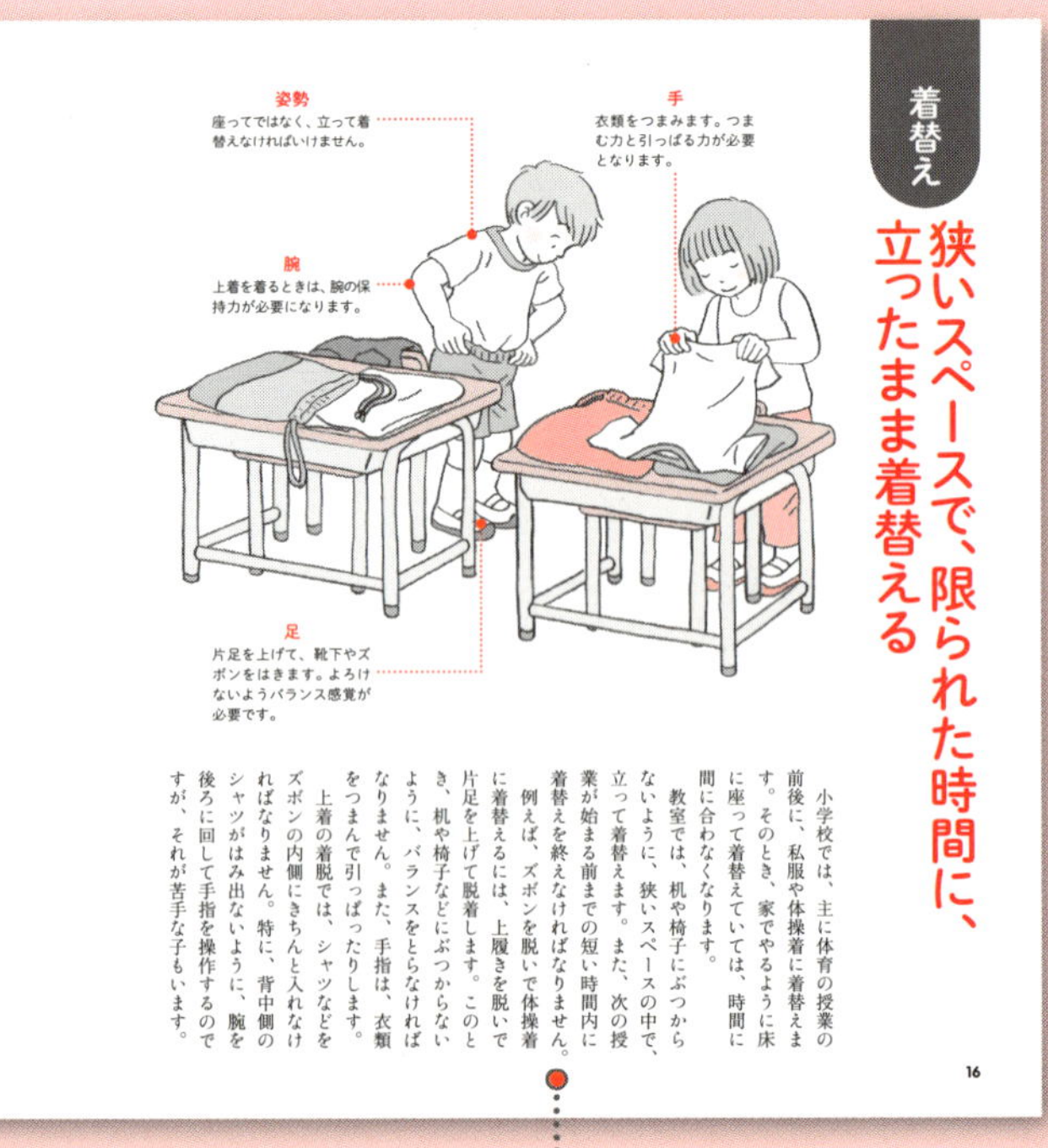

着替え

狭いスペースで、限られた時間に、立ったまま着替える

姿勢
座ってではなく、立って着替えなければいけません。
手
衣類をつまみます。つまむ力と引っぱる力が必要となります。
腕
上着を着るときは、腕の保持力が必要になります。
足
片足を上げて、靴下やズボンをはきます。よろけないようバランス感覚が必要です。

小学校では、主に体育の授業の前後に、私服や体操着に着替えます。そのとき、家でやるように床に座って着替えていては、時間に間に合わなくなります。

教室では、机や椅子にぶつからないように、狭いスペースの中で、立って着替えます。また、次の授業が始まる前までの短い時間内に着替えを終えなければなりません。

例えば、ズボンを脱いで体操着に着替えるには、上履きを脱いで片足を上げて脱着します。このとき、机や椅子などにぶつからないように、バランスをとらなければなりません。また、手指は、衣類をつまんで引っぱったりします。

上着の着脱では、シャツなどをズボンの内側にきちんと入れなければなりません。特に、背中側のシャツがはみ出ないように、腕を後ろに回して手指を操作するのですが、それが苦手な子もいます。

16

「できる」ためには、どんな力が必要かを解説しました。

遊びプログラムでは、「できない」を「できる」に変えるための遊びを紹介しています。できないことをひたすら繰り返し特訓するのではなく、遊びという形で楽しく取り組めるような内容を盛りこみました。一例ですので、これだけがすべてではありません。パターン化しすぎないように気をつけて、家庭でアレンジしてみてください。

苦手な子にとって、最初はできないことが多いものです。やってみようとする気持ちが起きるだけでもOKです。「やり方が違うでしょう」、「まだできていないの！」と、子どもを責めるような関わり方は避けましょう。訓練にならないように、親子で楽しく取り組んでください。

遊びプログラム

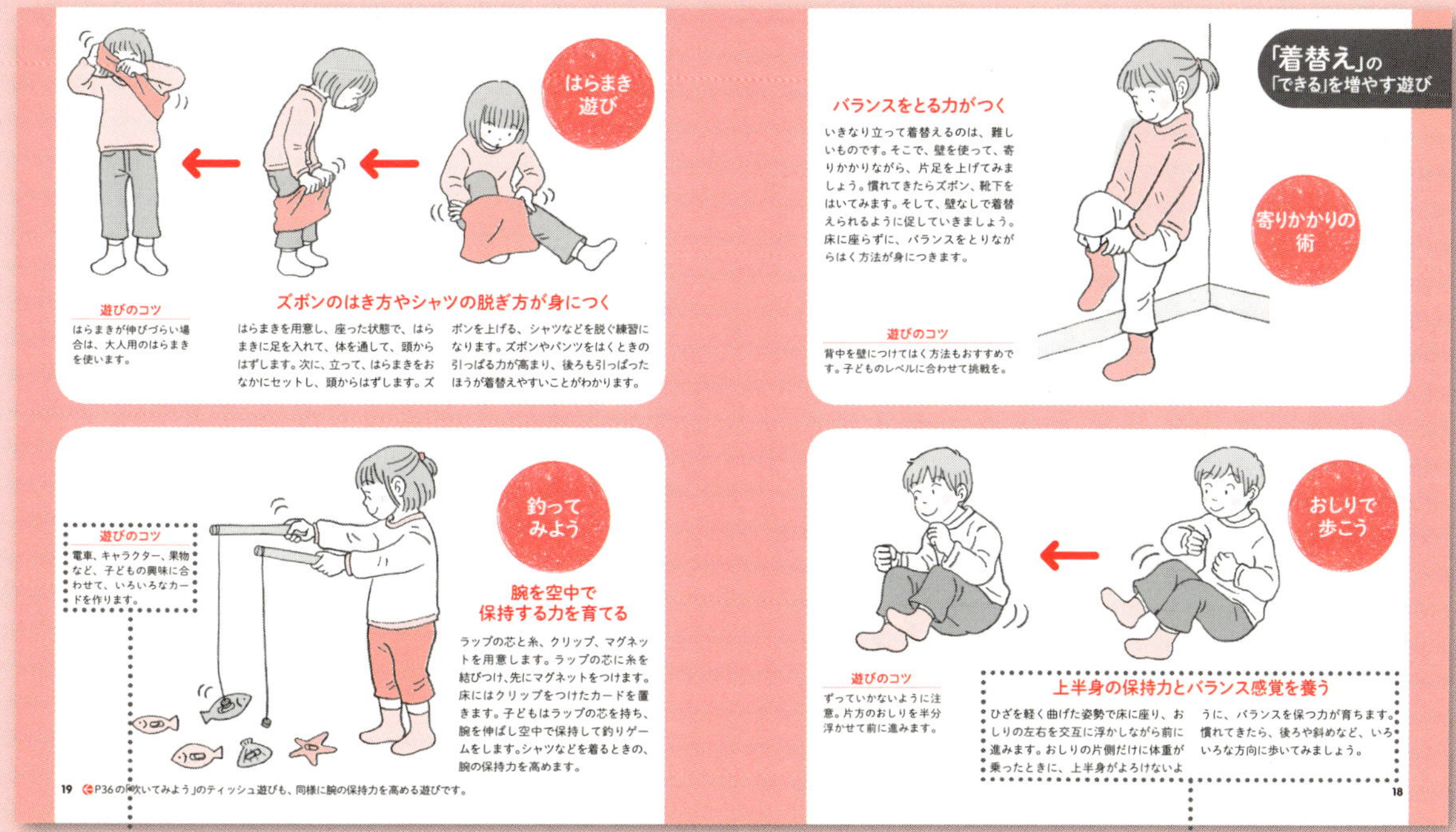
「着替え」の
「できる」を増やす遊び

寄りかかりの術

バランスをとる力がつく

いきなり立って着替えるのは、難しいものです。そこで、壁を使って、寄りかかりながら、片足を上げてみましょう。慣れてきたらズボン、靴下をはいてみます。そして、壁なしで着替えられるように促していきましょう。床に座らずに、バランスをとりながらはく方法が身につきます。

遊びのコツ

背中を壁につけてはく方法もおすすめです。子どものレベルに合わせて挑戦を。

おしりで歩こう

上半身の保持力とバランス感覚を養う

ひざを軽く曲げた姿勢で床に座り、おしりの左右を交互に浮かしながら前に進みます。おしりの片側だけに体重が乗ったときに、上半身がよろけないように、バランスを保つ力が育ちます。慣れてきたら、後ろや斜めなど、いろいろな方向に歩いてみましょう。

遊びのコツ

ずっていかないように注意。片方のおしりを半分浮かせて前に進みます。

18

はらまき遊び

ズボンのはき方やシャツの脱ぎ方が身につく

はらまきを用意し、座った状態で、はらまきに足を入れて、体を通して、頭からはずします。次に、立って、はらまきをおなかにセットし、頭からはずします。ズボンを上げる、シャツなどを脱ぐ練習になります。ズボンやパンツをはくときの引っぱる力が高まり、後ろも引っぱったほうが着替えやすいことがわかります。

遊びのコツ

はらまきが伸びづらい場合は、大人用のはらまきを使います。

釣ってみよう

腕を空中で保持する力を育てる

ラップの芯と糸、クリップ、マグネットを用意します。ラップの芯に糸を結びつけ、先にマグネットをつけます。床にはクリップをつけたカードを置きます。子どもはラップの芯を持ち、腕を伸ばし空中で保持して釣りゲームをします。シャツなどを着るときの、腕の保持力を高めます。

遊びのコツ

電車、キャラクター、果物など、子どもの興味に合わせて、いろいろなカードを作ります。

19 P36の「吹いてみよう」のティッシュ遊びも、同様に腕の保持力を高める遊びです。

遊びのバリエーションや、うまくいくコツ、大人がよく見てあげたいポイントなどをまとめました。

遊びに必要なものや、遊び方を紹介。この遊びで育つ力についても解説しています。

着替え

はらまき遊び

19ページ

靴履き

ペタペタ
つぶそう

25ページ

持つ

シェイカー
遊び

31ページ

給食

吹いてみよう

36ページ

「できる」を増やすからだ遊び

生活場面の子どもの様子で選ぶ

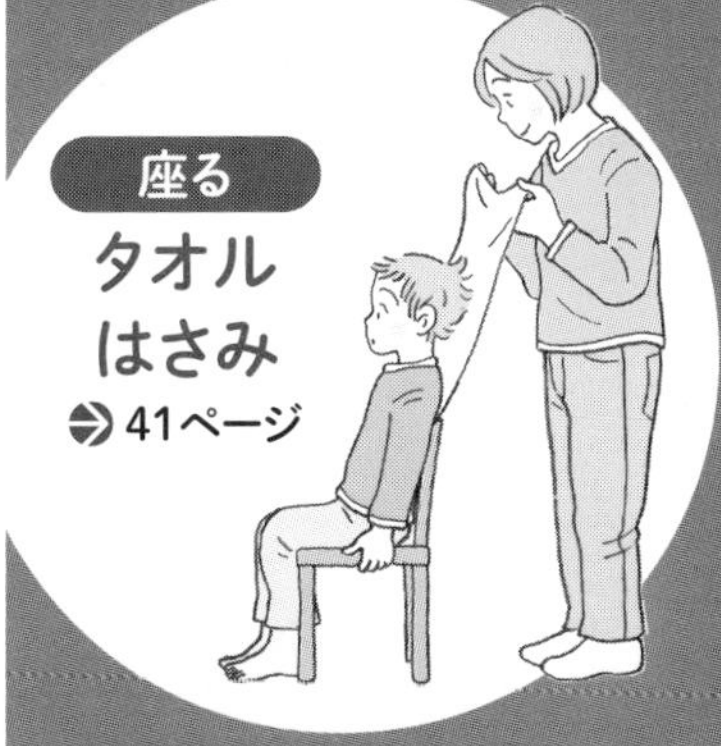

座る

タオル はさみ

➔41ページ

立つ

押し相撲

➔50ページ

書く

コルクプチプチ

➔55ページ

入学後の生活をイメージしてみよう

幼稚園や保育園、家庭での生活と、入学後はどんなところが違うのでしょう。机の前での学習以外にも、配慮してあげたいことがたくさんあります。

子どもが学校に着いたら、椅子に座って、いきなり勉強するわけではありません。学校に着いてはじめにすることは、昇降口での靴の脱ぎ履きです。次に、教室に着いたら、ランドセルを下ろし、教科書やノートなどを机の中に移します。このような授業の準備をして、ようやく学習がはじまります。

午前の授業が終わると、給食の時間です。給食は箸《はし》を使って食べます。その後、掃除を行い、午後の授業を受けます。体育の授業があれば、体操着に着替えます。

1日のすべての授業が終了したら、帰りの準備をし、ランドセルを自分の席に運び、教科書や宿題のプリントなどを片づけます。そして、再び昇降口で外靴に履き替えて下校します。

以上が小学校生活の大まかな1日の流れです。椅子に座って勉強をするだけではなく、靴の履き替え、学用品の出し入れ、体操着の着替えがあり、給食では箸を使い、掃除ではほうきやぞうきんなどを使います。学校では、机上の学習以外に、さまざまな日常生活の活動をしなければいけないことがわかります。

このように学校の生活は、自分のペースではなく、先生の指示を聞いて、決められた場所、短い時間で、クラスのみんなに遅れることなく活動することが求められます。ここが、家庭と大きく異なるところです。

家庭では、子どものペースに合わせて、ゆっくり関わることや、親がつい手伝ってしまうこともあるでしょう。もし、計算や漢字は得意でも、これらの日常生活の活動がスムーズにできないと、自信をなくし、学校が嫌いになってしまうかもしれません。

入学前のお子さんをもつお母さん、お父さんには、家庭での食事、着替えなどの様子を見て、学校に入ったらうまくできるか、サポートしてほしいと思います。もし、上手にできていなければ、入学までに目標を決めて、できる範囲で取り組むと少しずつできるようになります。入学までに、お子さんが自信をもってできるようにしてあげたいですね。

子どもと一緒に「小学校ってどんなところかな？」と想像してみましょう。登校から下校まで、時間を追ってみると、授業以外のいろいろな生活場面も思いつくでしょう。

読み・書き・計算の前に「賢い体」を作ろう

入学準備というと、ひらがなや足し算・引き算のドリルをやるなど、学習準備ばかりを気にしがち。だけど、その前に、それらを上手にできる体を作ってあげましょう。

学習は、頭の中で行うイメージがあります。しかし、頭で考えたことを結果として出すためには、体の動きが必要不可欠です。例えば、鉛筆を持ち指先に力を入れて書く、腕の筋肉を使いしっかり手を上げてから発表する、話すときに口の筋肉を使う、黒板を見るために目の筋肉を使うなど、学習の一連の活動には、すべて体・指先・目などの動きが伴います。

この体の動きがあってはじめて、読み書きの学習が成り立つのです。いくら、頭の中で計算の答えや、文字の書き方などがわかっていても、正しくアウトプットできないと、うまくいきません。

コミュニケーションも同様です。例えば、お友達と一緒に話しながら学習する場面では、相手の体の位置と適度な距離感をとり、姿勢を保ち、友達の顔を見るために、首や目の動きを使います。また、話すときには、口や手の動きも使います。たとえ、語彙《ごい》や電車やキャラクターなどの知識が豊富でも、体がぎこちないと、友達と上手にコミュニケーションをすることができません。このように、学習やコミュニケーションを効率よく行うためには、体をうまく使う、つまり体を賢くしておく必要があります。

体を「賢く」するというのは、単に体力や筋力をつけるとか、逆上がりや水泳ができるなどの、運動ができる体を作るという意味ではありません。姿勢よく椅子に座り続ける、素早く立つ、上手にバランスをとる、指先を使うなどの、基本の動きや姿勢を保つことをいいます。

姿勢がくずれてしっかり座れていないのに、ドリル学習ばかりしていても、一時的には効果は得られても、学年が進むにつれて成績の向上は期待できません。きちんと座れるように、基本の動きを身につけましょう。

小学校では、すべての教科で体や指先を使います。入学後も、お子さんに基本の動きが身についているかどうか目を向けてみましょう。基本の動きができるように、体を賢くすることは、結果的に、学習の向上の近道になります。

給食当番の日には、友達の給食を器によそうなどの作業があります。右手と左手を上手に連携させて動かさないと、こぼしたり、机を汚してしまいます。

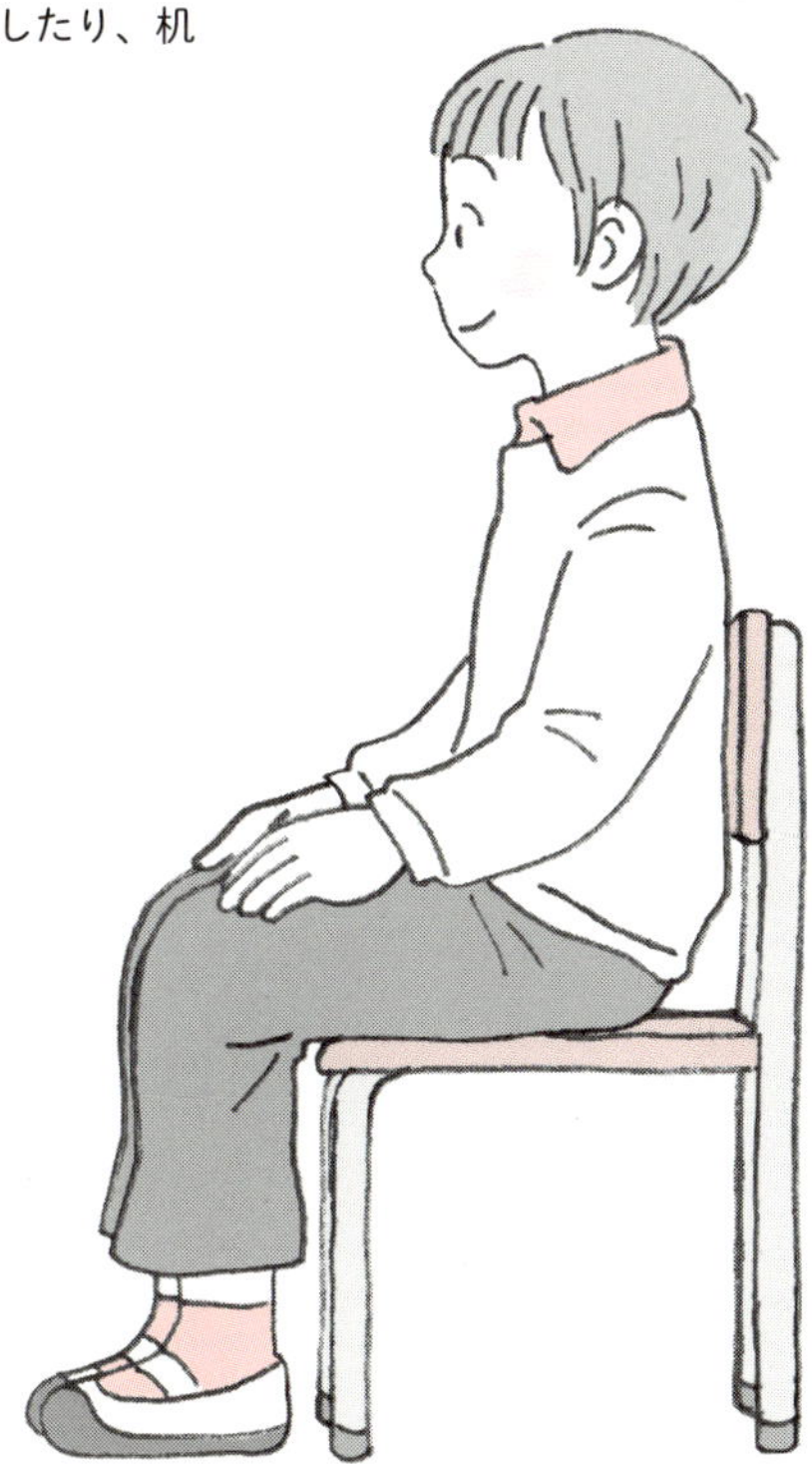

体育の時間以外にも音楽や図画工作など、体や指先の動きが上手にできないと困るシーンがたくさんあります。

姿勢よく椅子に座り続けることができてはじめて、学習の効率が上がります。

狭いスペースで、限られた時間に、立ったまま着替える

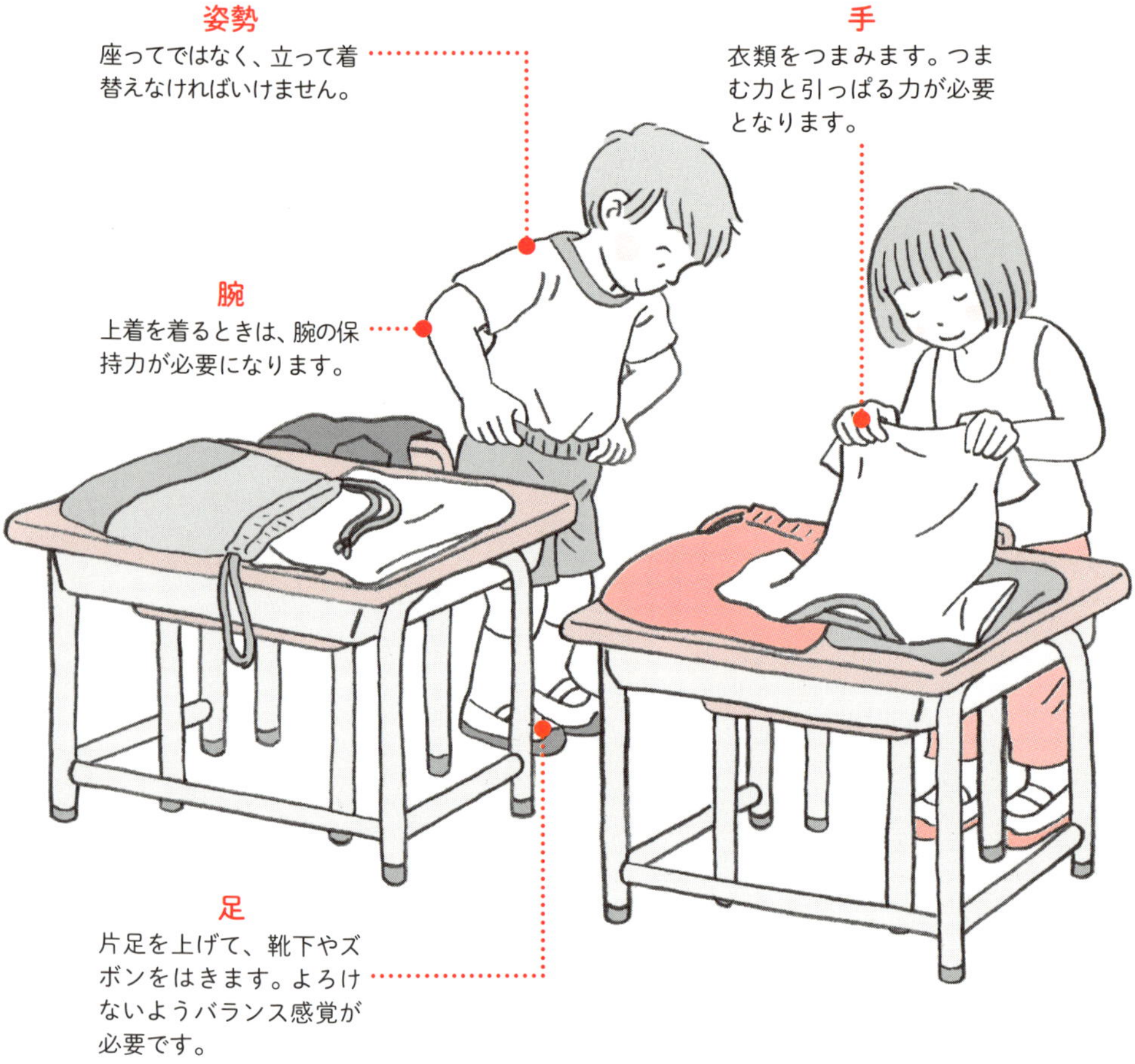
姿勢
座ってではなく、立って着替えなければいけません。
手
衣類をつまみます。つまむ力と引っぱる力が必要となります。
腕
上着を着るときは、腕の保持力が必要になります。
足
片足を上げて、靴下やズボンをはきます。よろけないようバランス感覚が必要です。

小学校では、主に体育の授業の前後に、私服や体操着に着替えます。そのとき、家でやるように床に座って着替えていては、時間に間に合わなくなります。

教室では、机や椅子にぶつからないように、狭いスペースの中で、立って着替えます。また、次の授業が始まる前までの短い時間内に着替えを終えなければなりません。

例えば、ズボンを脱いで体操着に着替えるには、上履きを脱いで片足を上げて脱着します。このとき、机や椅子などにぶつからないように、バランスをとらなければなりません。また、手指は、衣類をつまんで引っぱったりします。

上着の着脱では、シャツなどをズボンの内側にきちんと入れなければなりません。特に、背中側のシャツがはみ出ないように、腕を後ろに回して手指を操作するのですが、それが苦手な子もいます。

こんな様子があれば「できる」を増やす遊びをやろう

□ 長そでを着られない

そでを引っぱり、腕を上手に通すことができず、介助が必要。

➡ P19 釣ってみよう
➡ P21 バンドを引っぱろう

□ 立って着替えられない

いつも床に座って着替えていると、立って着替えるとバランスをくずす。

➡ P18 寄りかかりの術
➡ P18 おしりで歩こう

□ 背部からはみ出ている

シャツの前面はズボンに入っていても、背面部がはみ出ている。

➡ P19 はらまき遊び

□ ズボンを上手にはけない

ズボンをはくときに、おしり部分がうまく上がらず、上手にはけない。

➡ P19 はらまき遊び
➡ P20 何本通せるかな?
➡ P21 ファスナーオープン

□ ボタンを上手にかけられない

ボタンを指先でつまめず、穴に通せない。特に見えにくい首元などが苦手。

➡ P20 ボタンがけ絵本

寄りかかりの術

バランスをとる力がつく

いきなり立って着替えるのは、難しいものです。そこで、壁を使って、寄りかかりながら、片足を上げてみましょう。慣れてきたらズボン、靴下をはいてみます。そして、壁なしで着替えられるように促していきましょう。床に座らずに、バランスをとりながらはく方法が身につきます。

遊びのコツ

背中を壁につけてはく方法もおすすめです。子どものレベルに合わせて挑戦を。

おしりで歩こう

遊びのコツ

ずっていかないように注意。片方のおしりを半分浮かせて前に進みます。

上半身の保持力とバランス感覚を養う

ひざを軽く曲げた姿勢で床に座り、おしりの左右を交互に浮かしながら前に進みます。おしりの片側だけに体重が乗ったときに、上半身がよろけないように、バランスを保つ力が育ちます。慣れてきたら、後ろや斜めなど、いろいろな方向に歩いてみましょう。

はらまき遊び

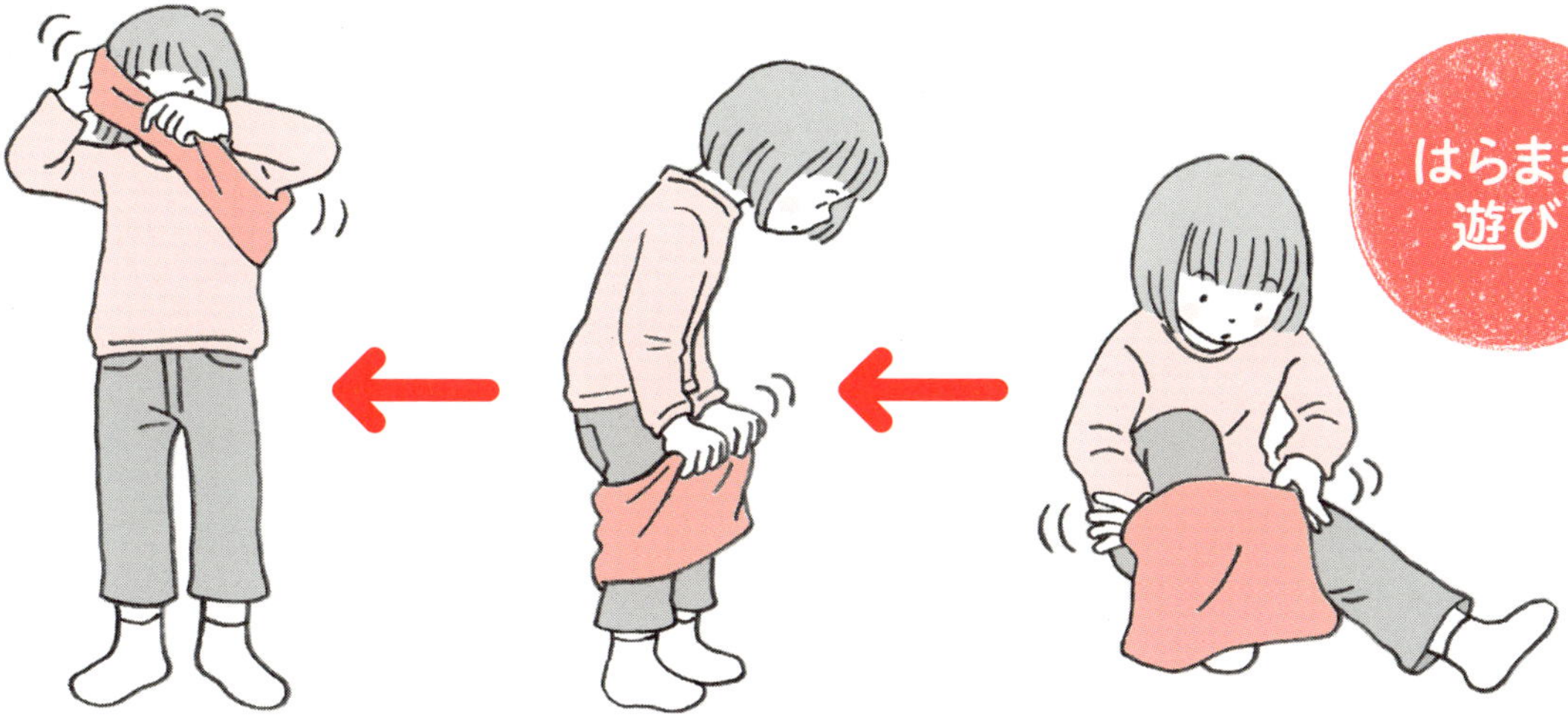

ズボンのはき方やシャツの脱ぎ方が身につく

はらまきを用意し、座った状態で、はらまきに足を入れて、体を通して、頭からはずします。次に、立って、はらまきをおなかにセットし、頭からはずします。ズボンを上げる、シャツなどを脱ぐ練習になります。ズボンやパンツをはくときの引っぱる力が高まり、後ろも引っぱったほうが着替えやすいことがわかります。

遊びのコツ

はらまきが伸びづらい場合は、大人用のはらまきを使います。

釣ってみよう

腕を空中で保持する力を育てる

ラップの芯と糸、クリップ、マグネットを用意します。ラップの芯に糸を結びつけ、先にマグネットをつけます。床にはクリップをつけたカードを置きます。子どもはラップの芯を持ち、腕を伸ばし空中で保持して釣りゲームをします。シャツなどを着るときの、腕の保持力を高めます。

遊びのコツ

電車、キャラクター、果物など、子どもの興味に合わせて、いろいろなカードを作ります。

P36の「吹いてみよう」のティッシュ遊びも、同様に腕の保持力を高める遊びです。

ボタンのかけ方を習得する

フェルトなどに大きめのボタンをつけたものと、ボタンが通る穴をあけたセット（ボタンがけ絵本）を作成し、最初は座ってつける練習から行います。つまみ方が確認できます。生地がやわらかく、大きなボタンがついた大人の服でやってもいいですね。

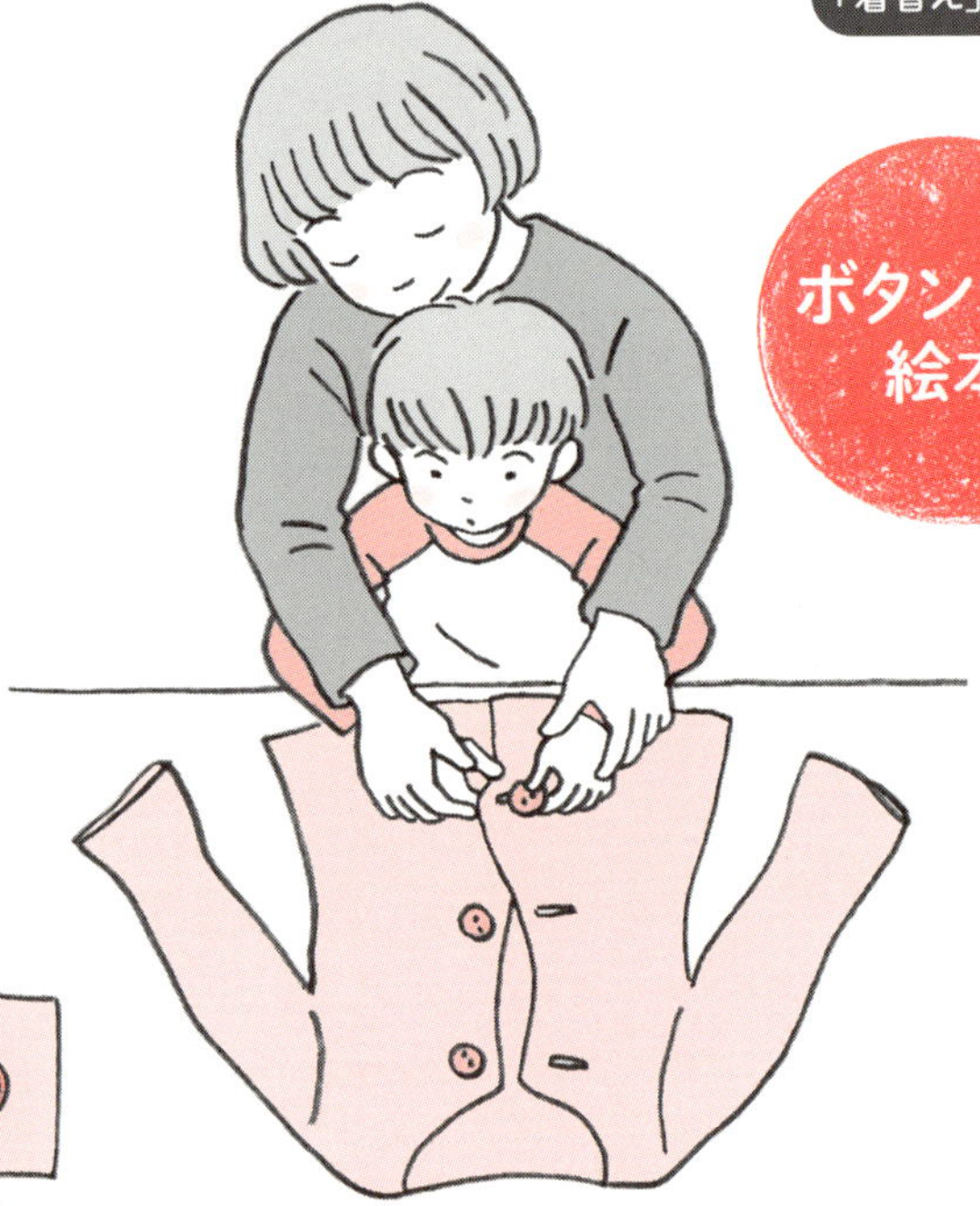

ボタンがけ絵本

遊びのコツ

大きめサイズのボタンからはじめます。練習には厚めの布が向いています。

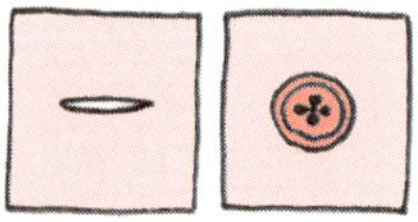

ボタンがけ絵本

何本通せるかな?

遊びのコツ

モールが細くて、つまみにくい場合は、チラシなどを丸めて輪を作りましょう。

片足で靴下やズボンをはく練習

輪にしたモールや小さいリングを用意します。床に足を伸ばして座り、モールを片足に通して、ひざまで上げます。慣れてきたら、立って通すことにチャレンジしてみましょう。片足を上げて靴下をはいたり、ズボンをはく練習になります。

着替えチェックリスト

どの服を自分で着ることができるのか、できないのか、夏物、冬物によっても違います。どの服が苦手なのかは、意外と覚えられないものです。そこで、衣類の種類、季節物について、脱ぐ、はく動作に分けてチェックリストを作成しました。これを参考に、お子さんの様子を整理し、着替えの支援に役立ててください。

○:一人でできる　△:もう一歩　×:手伝いが必要

	トップス	ボトムス
脱ぐ	(　)シャツ半そで	(　)パンツ
	(　)シャツ長そで	(　)短パン
	(　)セーター	(　)長ズボン
	(　)カーデガン	
	(　)ブラウス	(　)靴下
	(　)ジャンパー	(　)ハイソックス
	(　)レインコート	(　)タイツ
		(　)スパッツ
	(　)ボタン	
	(　)スナップ	(　)スカート
	(　)ファスナー	
着る	(　)シャツ半そで	(　)パンツ
	(　)シャツ長そで	(　)短パン
	(　)セーター	(　)長ズボン
	(　)カーデガン	
	(　)ブラウス	(　)靴下
	(　)ジャンパー	(　)ハイソックス
	(　)レインコート	(　)タイツ
		(　)スパッツ
	(　)ボタン	
	(　)スナップ	(　)スカート
	(　)ファスナー	

ファスナーオープン

遊びのコツ

ファスナーのついたポリ袋に好きなシールを貼る、色を塗るなどすると、興味をもてます。

つまんで引っぱる力を育てる

ファスナーのついたポリ袋を用意し、袋の底をはさみでカットし、片足を通せるようにします。両手でファスナーをつまんで開きます。開いたら、片足に通してみましょう。靴下などをつまみ、引っぱる力が育ちます。

バンドを引っぱろう

遊びのコツ

ヘアバンドでもOK。鏡を見ながら確認するとコツが飲みこめます。

そで口の引っぱり方が身につく

リストバンドを1つ用意します。リストバンドを子どもの手首につけて、引っぱって手からはずします。手首からひじ部に移動させ難易度を変えていきましょう。リストバンドにキャラクターをつけて行うのもよいでしょう。上着のそで口を引っぱるときの力加減や要領が身につきます。

ランドセルを背負いながらしゃがみ立ったまま靴を脱ぎ履きする

ランドセル

重たいランドセルを背負ったまま、しゃがんで靴を履きます。

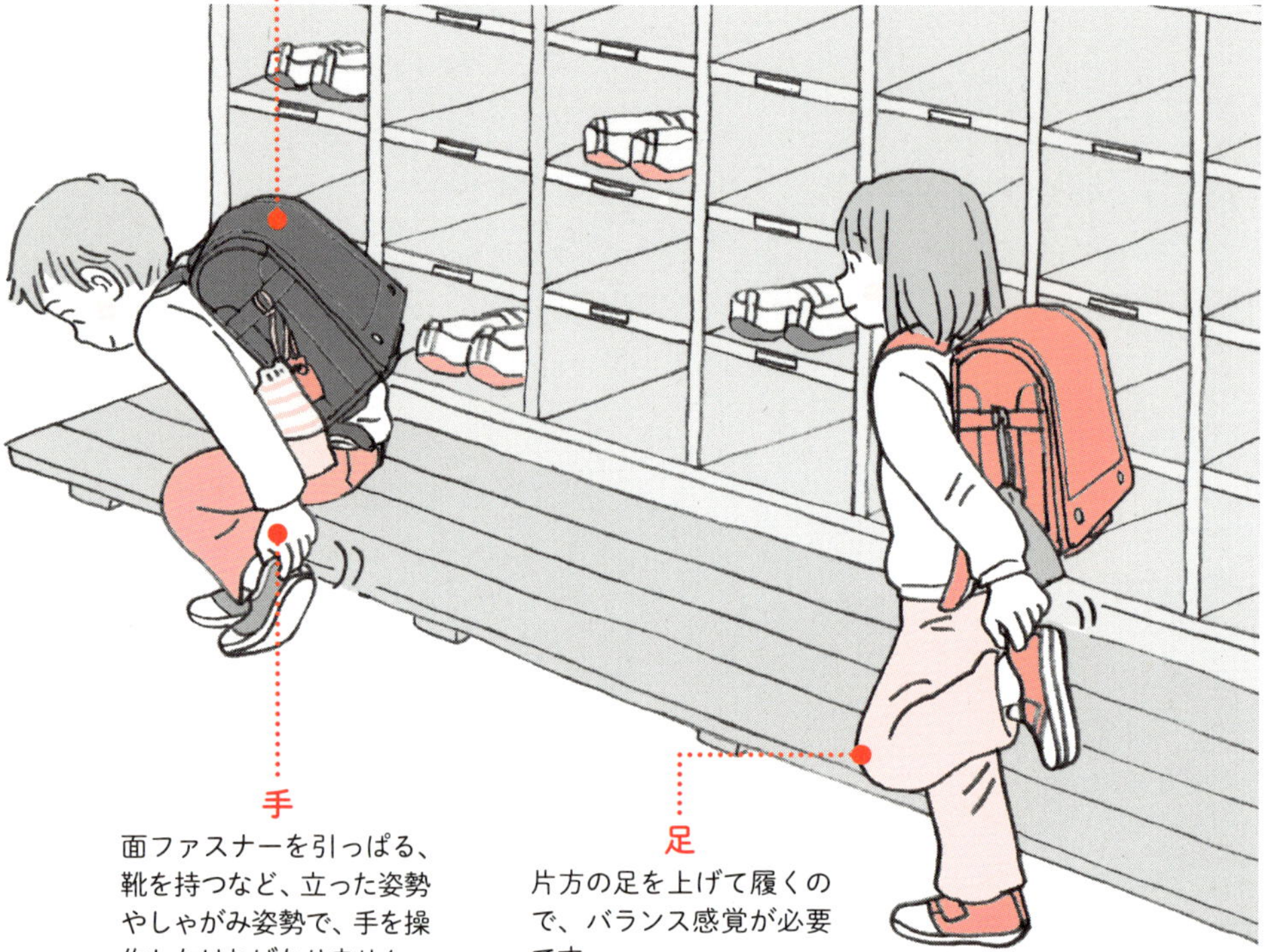

手

面ファスナーを引っぱる、靴を持つなど、立った姿勢やしゃがみ姿勢で、手を操作しなければなりません。

足

片方の足を上げて履くので、バランス感覚が必要です。

登校して学校に着いたら、昇降口で靴を脱ぎ、上履きに履き替えなければいけません。学校に着いて最初にするこの動きがスムーズにできずに、時間がかかって失敗すると、靴の履き替えが嫌いになります。昇降口が苦手な場所になると、学校へ行きたくないなどの「登校しぶり」につながることもあります。

昇降口で靴を履き替えるときには、床にどっしりと腰を下ろし、優雅に履き替えている時間はありません。登校時は、お友達も来るので混み合い、場所が狭くなります。そして、ランドセルを背負ったまま、片足を上げて、バランスをとりながら履き替えなければなりません。また靴の面ファスナーを留めるときも、床に座りこむのではなく、しゃがみ姿勢をとり、バランスをとりながら、手で素早く操作しなければなりません。

こんな様子があれば「できる」を増やす遊びをやろう

□ 左右の靴を片手で持てない

片手で左右の靴を両方持つと、しっかり持てずに落としてしまうので、右手、左手にそれぞれ、靴を持っている。

➡ P26 クレーンごっこ

□ 立ったまま履けない／脱げない

バランスが悪く、立ったまま手がしっかり伸ばせず、床に座って、脱ぎ履きしている。

➡ P24 どろぼう歩き
➡ P24 やじろべえ遊び

□ 長靴を上手に履けない／脱げない

立ったままだとバランスをくずし、長靴にかかとまで入れられない。

➡ P24 やじろべえ遊び
➡ P25 ペタペタつぶそう

□ 靴の左右を間違えて履く

靴の左右の区別がつかず、左右を間違えて履くことがある。

➡ P27 面ファスナーぺったん

□ 面ファスナーが上手にできない

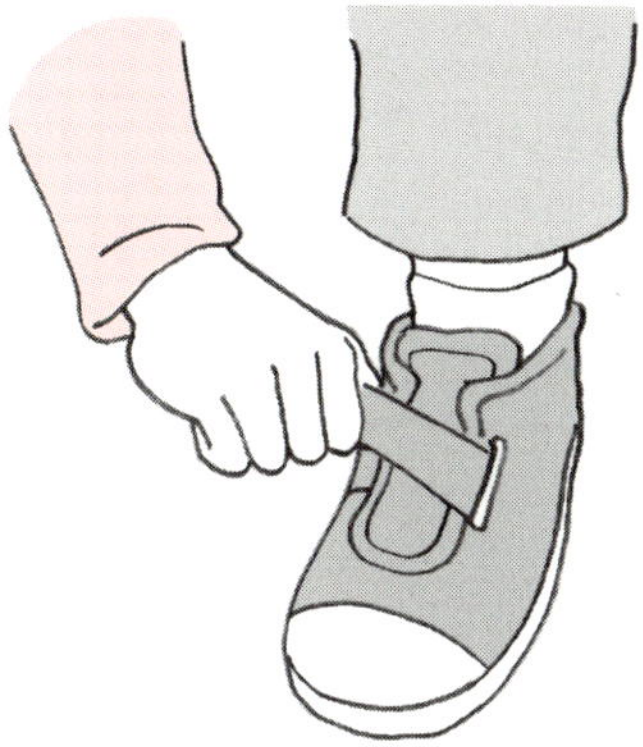

面ファスナーをしっかりつまめなかったり引っぱれないために、つけるのが雑になる。

➡ P27 面ファスナーぺったん

どろぼう歩き

立って靴を履く力を育てる

背筋を伸ばして、起立します。両方のかかとを上げて、足先が地面につくようにして、そっと、ゆっくり歩きます。どろぼうが抜き足差し足で歩くイメージです。転げるように速く歩かないように気をつけましょう。片方の足先だけで立つ、バランスをとる感覚が身につき、立って靴を履く力を高めます。

遊びのコツ

ときどき、ピタッと止まるように促すと、さらにバランス感覚を養う遊びになります。

やじろべえ遊び

片足立ちのバランスを育てる

左右の足を合わせて、両手を横に広げて、やじろべえに見立てて立ちます。子どもに片方の足の裏で、もう片方の足の甲をこするように促します。右足ができたら左足と、両方の足でやってみましょう。片足立ちでよろけないバランス感覚が育ち、立って履く動きが身につきます。

遊びのコツ

足が床から離れないように、声をかけます。

ペタペタ つぶそう

片足を上げて立つ力を育てる

不要になったたまごパックを用意し、足の裏全体で、踏みつぶします。最初はゆっくり感触を確かめながら行います。慣れてきたら、ひざを高く上げて強く踏みつぶします。足の裏に直接触れる感覚を嫌がる場合は、靴下や靴を履いたままで行ってもよいでしょう。片足を上げて履く動きを養います。

たまごパックがないときは、２リットルサイズのペットボトルや、ティッシュペーパーの空き箱でも遊べます。

遊びのコツ

たまごパックをつぶしたら、指で押して元の形に戻す遊びをします。指先の器用さも同時に育ちます。

クレーンごっこ

指先でつまむ力を育てる

床やテーブルの上にある絵本を親指と人さし指の間にはさんで持ち、別のところに置くか、大人に渡します。絵本を持って運ぶときの、親指と人さし指でつまむ動作が、左右の2つの靴を片手で持つことにつながります。そして、左右の靴を片手で持つ力を高めます。

遊びのコツ

慣れてきたら、肩より高く上げて、チャレンジしてみましょう。

面ファスナーぺったん

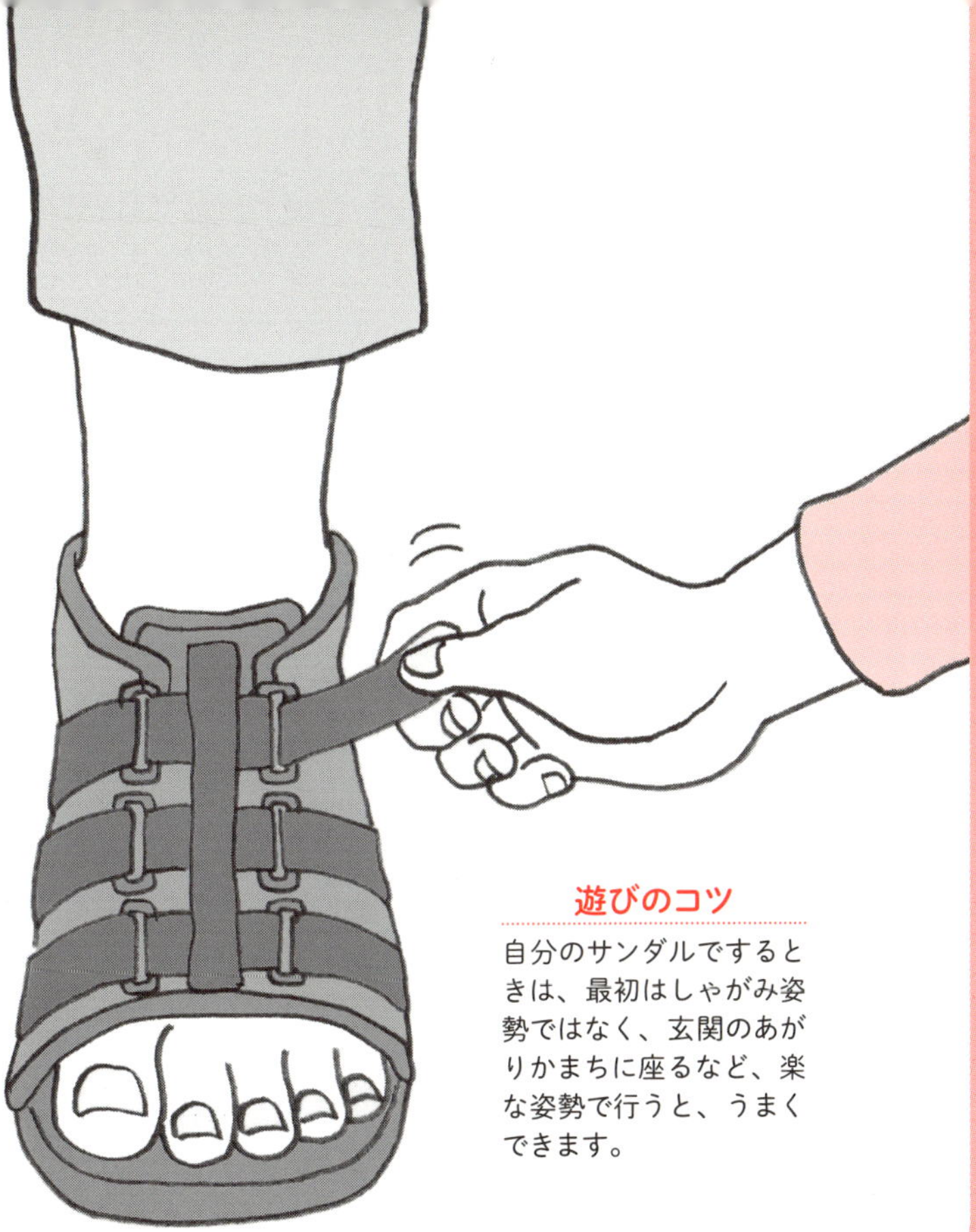

面ファスナーのつけ方がわかる

子ども用の小さな靴より、大きな靴のほうが操作しやすいので、はじめは、大人が面ファスナーつきのサンダルをはいて、練習台になります。面ファスナーを緩まないようにつけたりはずしたりすることで、面ファスナーのつまみ方が身につきます。慣れてきたら、自分のサンダルでもやってみましょう。

遊びのコツ

自分のサンダルでするときは、最初はしゃがみ姿勢ではなく、玄関のあがりかまちに座るなど、楽な姿勢で行うと、うまくできます。

靴チェックリスト

どの靴が履けて、脱げないのかは、夏物、冬物によっても違います。意外と覚えられないものなので、右のように靴の種類、季節物について、脱ぐ、履く動作に分けてチェックリストを作成しました。これを参考にして、一度整理してみて、靴の脱ぎ履き支援に役立ててください。

○:一人でできる　△:もう一歩　×:手伝いが必要

	靴
脱ぐ	(　　)短靴
	(　　)長靴
	(　　)運動靴
	(　　)サンダル
	(　　)スリッパ
	(　　)面ファスナー
	(　　)ボタン
	(　　)ファスナー
	(　　)ひも
	(　　)その他

	靴
履く	(　　)短靴
	(　　)長靴
	(　　)運動靴
	(　　)サンダル
	(　　)スリッパ
	(　　)面ファスナー
	(　　)ボタン
	(　　)ファスナー
	(　　)ひも
	(　　)その他

学校では、手ぶらでの移動は少なく ものを持って移動することが多い

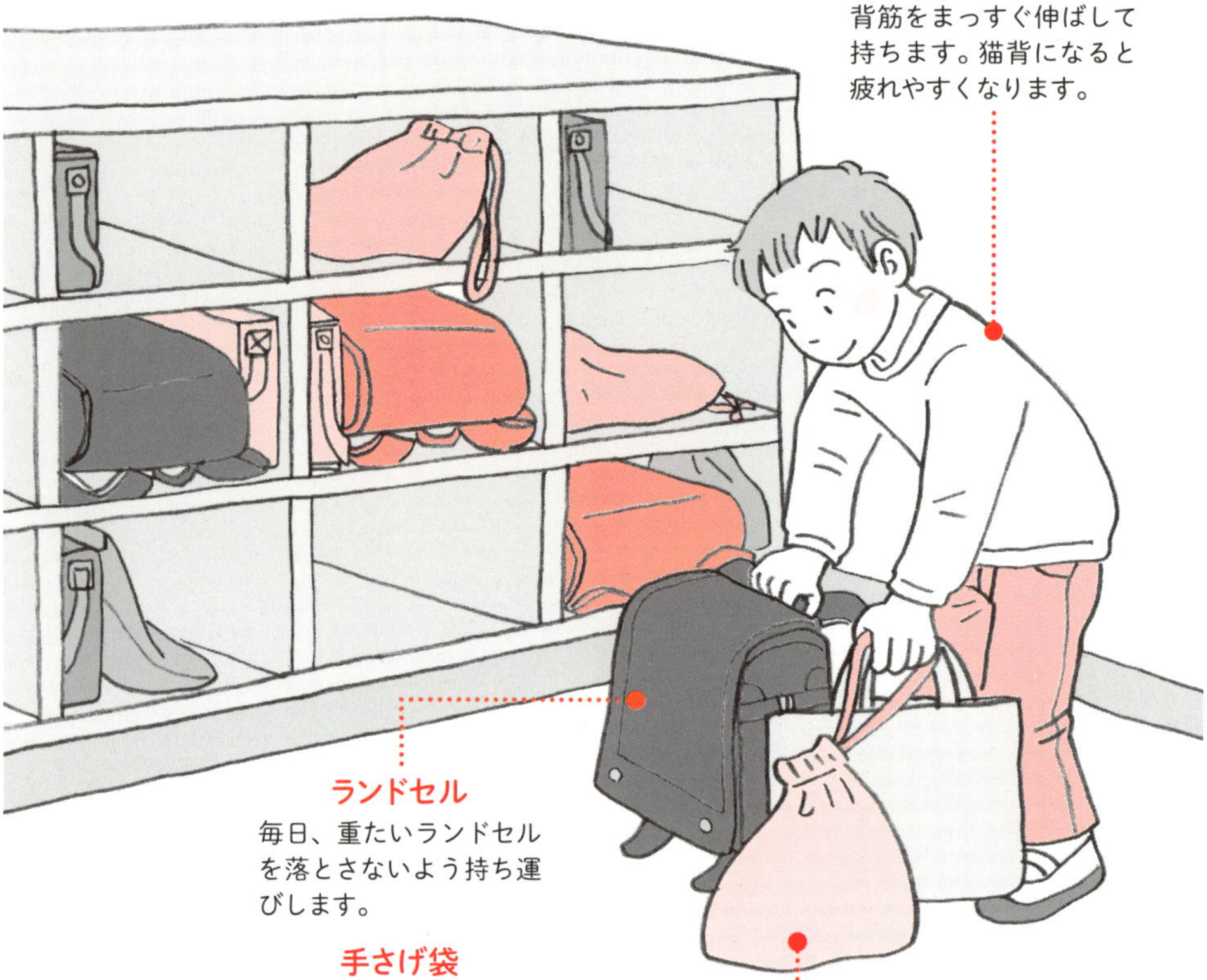

背筋
背筋をまっすぐ伸ばして持ちます。猫背になると疲れやすくなります。

ランドセル
毎日、重たいランドセルを落とさないよう持ち運びします。

手さげ袋
体操着や上履きなどを入れるので重さがあります。登下校で疲れないように持つ必要があります。

登下校のときは、手ぶらで歩くことは少なく、手さげ袋などを持って歩くことがほとんどです。雨の日は、さらに傘を持つことになります。教室ではランドセルを後ろの棚から持ち運びします。また、筆箱、教科書、ノートなどの学用品を教室内で持ち歩いたり、それらを持って別の教室へ移動することもあります。

このとき、持つ力が弱いと、落としたり、すぐ床や机に置きたくなったりして、ものを持つことが嫌になり、学習に悪影響が出ます。

ものを持つ力は、指先の筋肉だけでなく、体幹がしっかりしていることが前提です。また、見る、ものに触る、力を入れるなどの感覚機能を連携して働かせることも重要です。

手元や前方をよく見て、バランスをとって歩き、指先や腕に力を入れることが必要なのです。

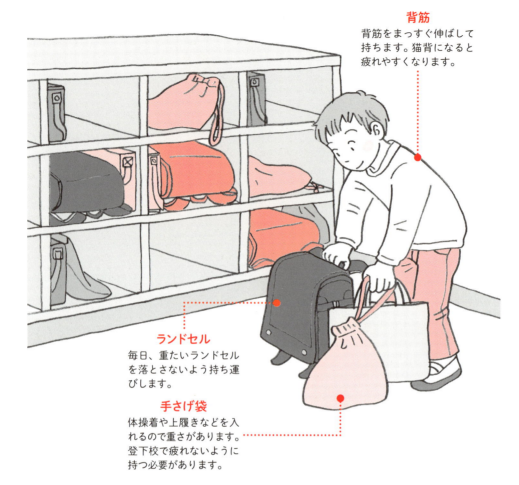

こんな様子があれば「できる」を増やす遊びをやろう

□ 手さげ袋を上手に持つことができない

落としたり、道端に置いてきてしまって、手さげ袋を忘れることがある。

P31 シェイカー遊び　P31ラップでドンドン

□ ランドセルを上手に持てない

ランドセルを上手に持つことができず、すぐに床に置いたり、引きずったりして運ぶ。

P30 洗面器でコロコロ

□ トレイを上手に持つことができない

給食のときに運ぶのに時間がかかり、食器を落とすことがある。

P30 お盆でどうぞ

□ 傘を上手に持つことができない

傘が徐々に傾き、体が濡れる。傘をさしたがらない。

P31 シェイカー遊び

□ 本やノートを上手に持つことができない

手からすべり、落としてしまうことがよくある。

P31 ラップでドンドン

洗面器でコロコロ

両手を協調して動かす力を育てる

洗面器と卓球ボールを用意します。洗面器の中にボールを２個入れて、洗面器から落ちないようにボールを転がします。目でしっかり見て、ボールが落ちないように右手と左手を連携させて動かす協調性を養い、両手で持ち続ける力を高めます。

遊びのコツ

スーパーボールでもよいです。30秒で何周できるかチャレンジしてみましょう。

お盆でどうぞ

遊びのコツ

ウエイターやウエイトレスになりきって遊びます。慣れてきたら運ぶ距離を長くします。

腕の保持力や握る力を育てる

ままごと遊びで、お盆におわんを乗せて、落とさないように運びます。「どうぞ」とテーブルの上に置いたり、「ありがとうございます」と、テーブルから持ち上げるときも、お盆が傾かないように気をつけます。この動きが腕を水平に保つ保持力や、手指のつまむ力や握る力を高めます。

シェイカー遊び

腕を上げたまま保持する力をつける

500mlのペットボトルに、1/4くらいまで水を入れます。キャップ部を片手で握り、上下に振って、中の水を混ぜます。また、横にして、両手で左右に水平に振るのもよいでしょう。しっかり握って、腕の位置を保つことで、腕の保持力、握る力を高めます。

遊びのコツ

ペットボトルに入れる水を少量にするのがポイント。水が多いと、疲れてしまって意欲がわきません。飽きてきたら、豆やビーズなどを入れてシャカシャカ音をたてて遊ぶと楽しめます。

ラップでドンドン

目と手の協応動作を育てる

立って空のペットボトルのキャップ部を持ちます。反対の手には、ラップの芯を持って、叩く、振るなどのリズム遊びをします。やりやすい利き手だけでもいいですが、慣れてきたら反対の手でもやってみましょう。目で見て手を動かす力や、腕の保持力、握る力、バランス感覚を高めます。

遊びのコツ

子どもの好きなリズムからはじめます。音楽に合わせてやっても楽しめますが、押しつけにならないように気をつけましょう。

姿勢をくずさず、こぼさずに、20分間で食べる

口

よくかんで飲みこみます。口の周りの筋肉をしっかり使います。

箸・スプーン

食べ物の形態に合わせて、親指、人さし指、中指を上手に使って箸やスプーンを操作します。

背筋

猫背や前かがみにならないように、背筋を伸ばして食べます。効率よく食べるには、よい姿勢が大事です。

おわん

こぼさないためには、指や手ばかりでなく、手首も使っておわんを保持します。

牛乳びん・牛乳パック

びんでは、セロハンをはがして、牛乳をこぼさないようにふたを上手に開けます。パックでは、ストローをビニールから出し、牛乳が飛び出ないように手加減してパックに差します。

家できちんと食事ができていても、学校の給食の時間では、決められた時間内に食べ終えなければなりません。目安の時間はおおよそ20分間です。そして、給食を食べるときには、こぼさず、きれいに食べ終わる、ということが求められます。

そのためには、箸を使う手だけを動かせばよいのではありません。姿勢よく座る、おわんを持つ、牛乳びんのふたを開ける、箸を操作する、口を動かすなどの動きを連続して行う必要があります。

「こぼさないように」と気をつけるだけではうまくいきません。手や首をしっかり動かせるように姿勢を保ち、食器を持ってスプーンや箸を操作し、口に運びよくかんで飲みこむという一連の動きを無理なく行うことが大切です。この一連の動きに苦手があるか確認してみましょう。

こんな様子があれば「できる」を増やす遊びをやろう

□ 姿勢が悪い

姿勢がくずれ、テーブルに顔を近づけて食べている。食べ物を口まで上手に運べず、よくこぼす。

➡ P37 砂遊び

□ 食器を持つのが下手

親指を使わず、残りの4本指で食器をつかんでいる。食器を落としやすく、食べ物を上手にすくえない。

➡ P34 線路を連結　➡ P34 おわんでコロコロ

□ よくかまずに飲みこむ

食べ物を次々と口に入れて、のどに詰まらせてしまう。

➡ P36 吸ってみよう
➡ P36 吹いてみよう

□ 箸で上手につかめない

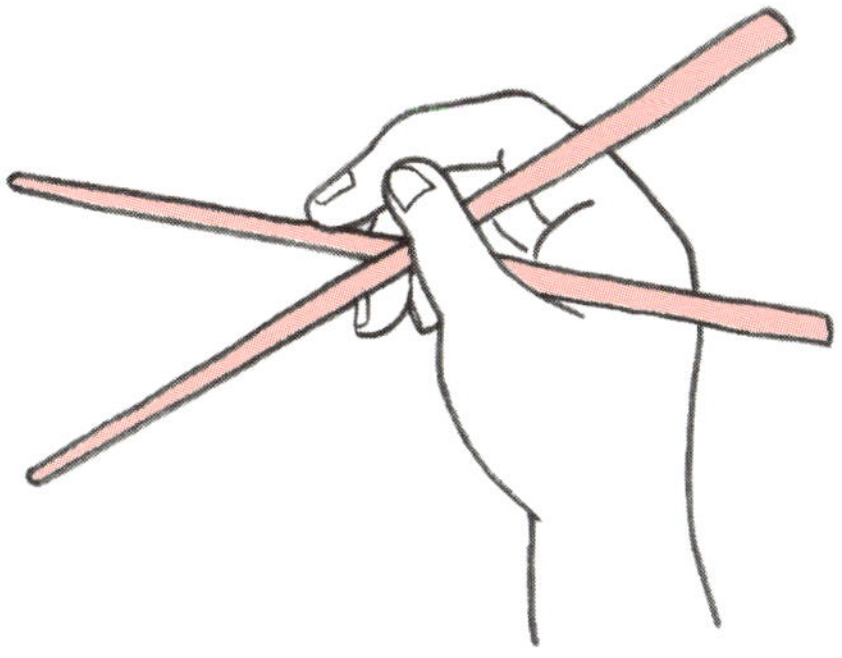

箸と箸が交差するような持ち方で、小さな食べ物を上手につまめない。

➡ P35 お箸をどうぞ

□ 口に入れる前にこぼす

手首が使えていないため、口に入れるときに、スプーンが引っくり返り、食べ物をこぼす。

➡ P35 新聞紙ボールを作ろう
➡ P37 砂遊び

線路を連結

親指で食器を押さえる力がつく

テーブルの上に両方の手を乗せます。親指を横側に広げ、左右の親指をくっつけます。ほぼ直角になるまで、親指をしっかり広げます。できたら、元に戻します。これを10回くらい行います。親指をしっかり外側に広げることで、おわんなどの食器を持つ力が育ちます。親指でしっかり押さえる方法を身につけましょう。

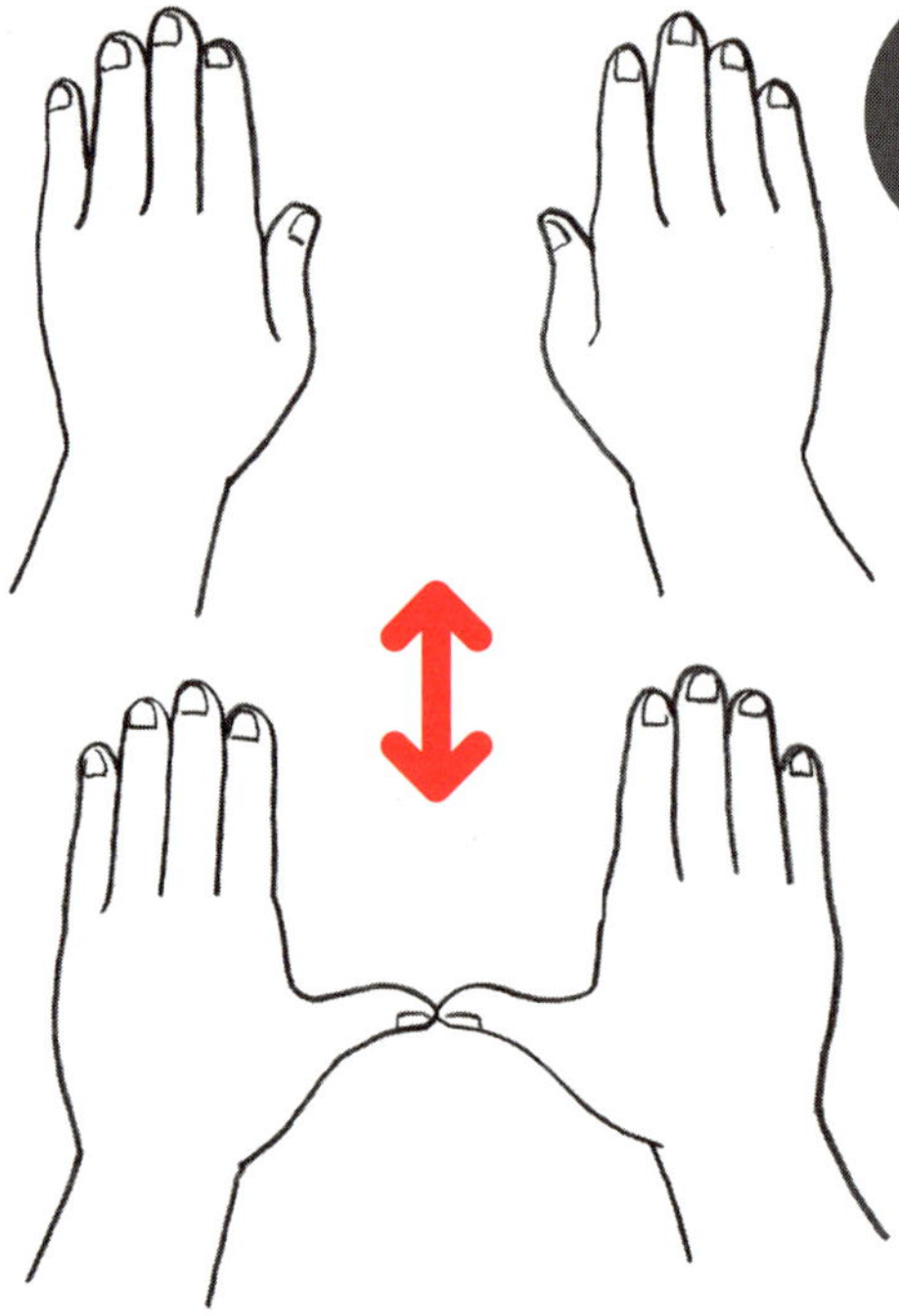

遊びのコツ

親指以外の4本の指は動かさないように声をかけます。また、手のひらがテーブルから浮かないように気をつけます。

おわんでコロコロ

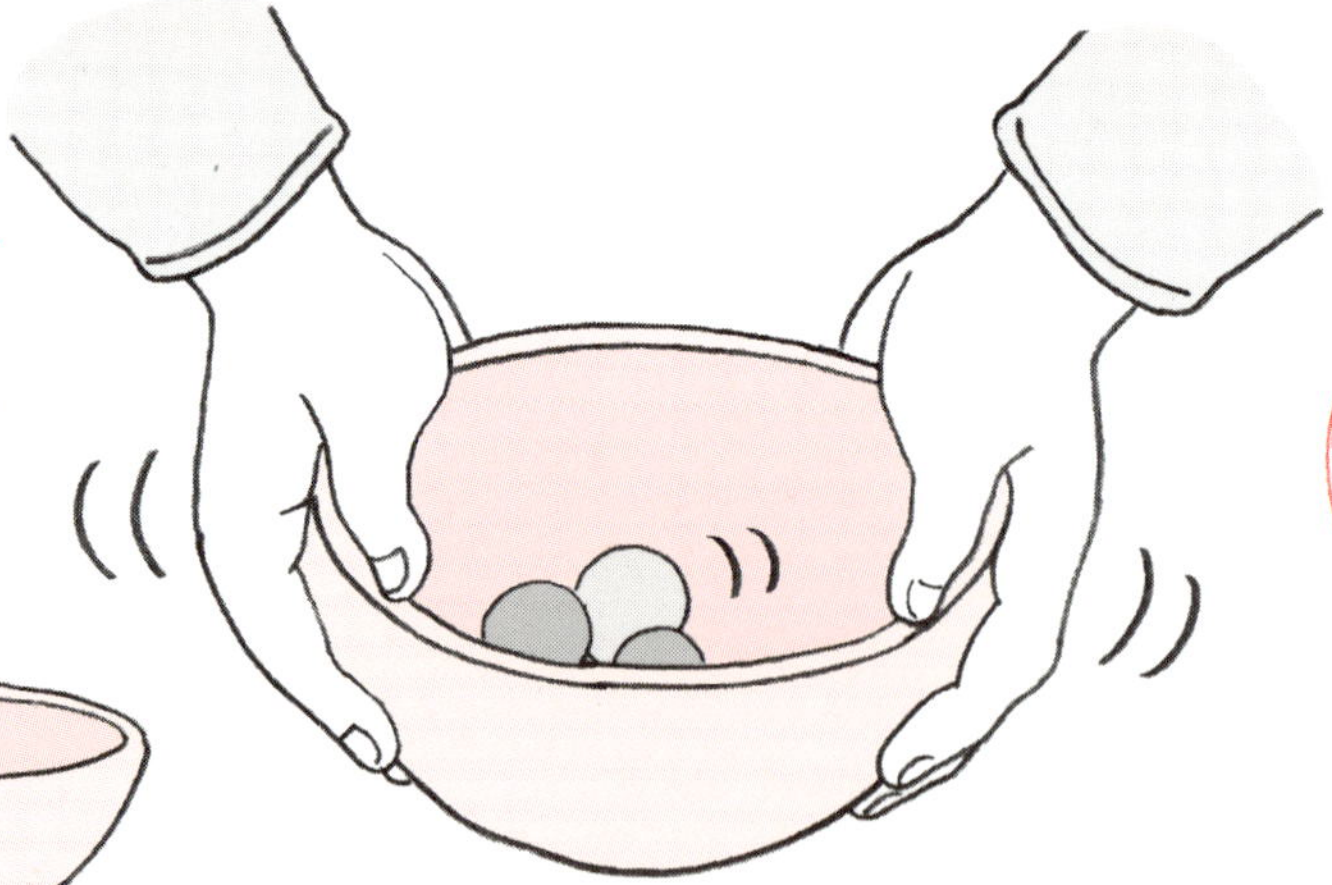

遊びのコツ

競うことが目的はありませんので、丁寧にゆっくり回せているか、見てあげましょう。

親指を上に、残りの4本の指は底を持ちます

おわんの傾け方が身につく

おわんとビー玉を3個程度用意します。ビー玉をおわんに入れ、親指を上にして両手でおわんを持ちます。立って、ビー玉がこぼれないように、おわんをクルクル回します。30秒で何周回せたか競うのも面白いです。親指でおわんをしっかり押さえる力やおわんの傾け方が身につきます。

新聞紙ボールを作ろう

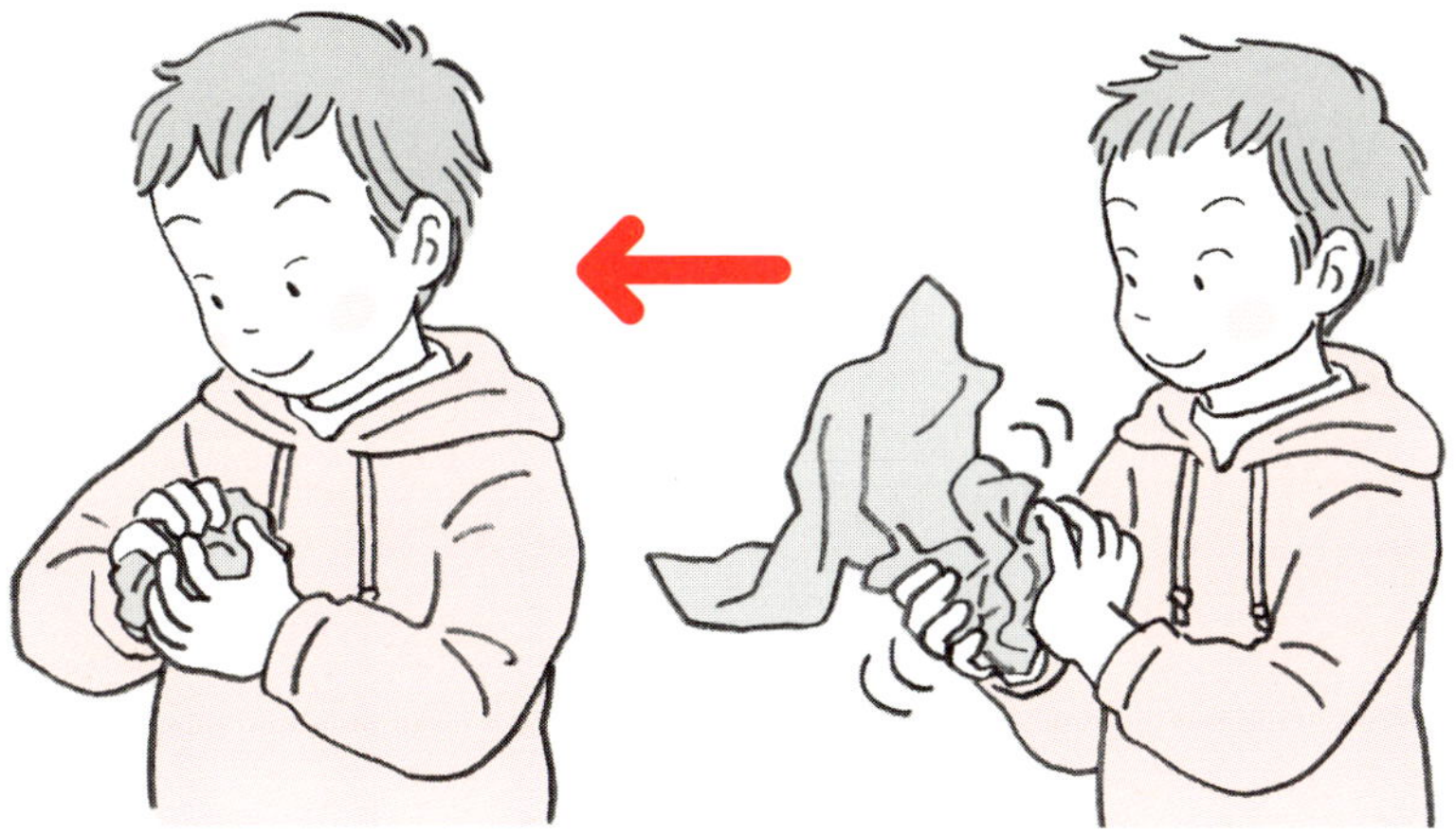

遊びのコツ

丸めたらセロハンテープで貼ってボールを作ります。シールを貼ったり、色を塗って、マイボールに仕上げてキャッチボールをしてみましょう。

手首の返しがしっかりする

新聞紙や広告チラシを用意し、両手を使って丸めます。しっかり力を入れて紙を小さな球になるようにします。丸めるには、指先の力だけではなく、手首の力、手首の返しが重要になります。それらの動きが、食器から食べ物をスプーンで上手にすくったり、おわんをしっかり持つ力につながります。

お箸をどうぞ

遊びのコツ

つまむものは、ラップやアルミホイルを小さく丸めたものでもかまいません。食事の時間と分けて、ゲーム感覚で行います。

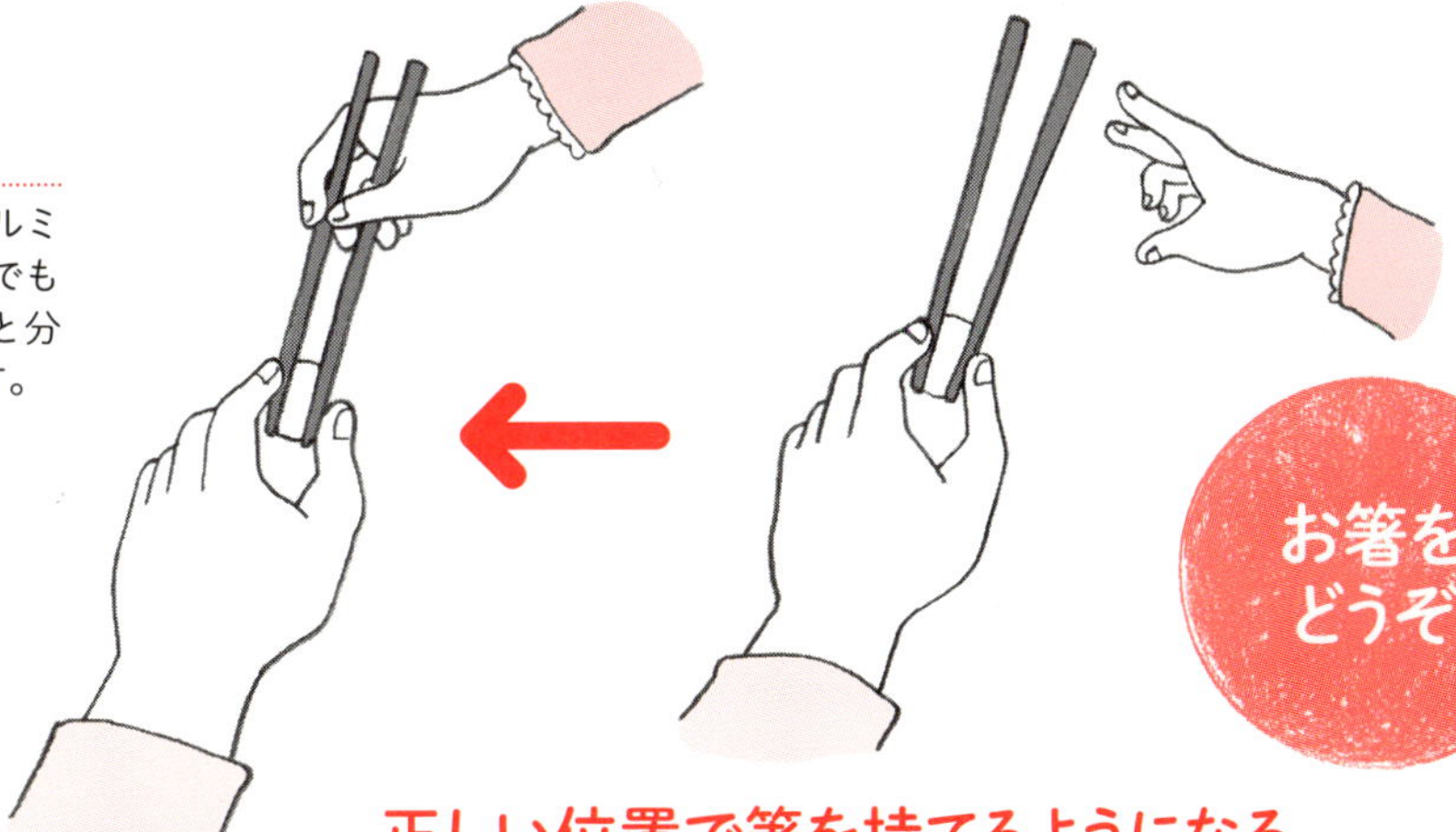

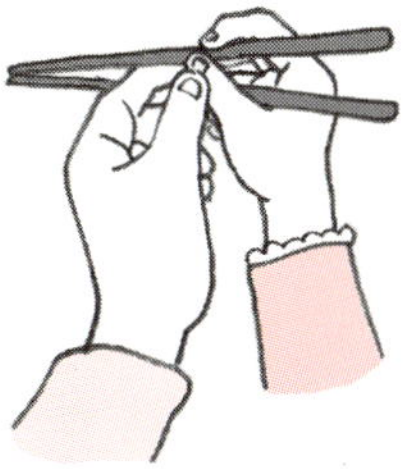

親指の指紋部で押さえているか確認

正しい位置で箸を持てるようになる

箸の先端部にスポンジをはさみ、箸が平行になるように大人が固定します。次に、子どもに箸を握るように声をかけます。親指の指紋部で箸を押さえているか確認し、ずれていたら直してあげましょう。正しくセットできたら、大人は押さえている指を離して、子どもがつまめるようにします。このときの指の使い方を確認しましょう。指のあて方が身につきます。

吸ってみよう

かみ方、飲みこみ方がわかる

チューブ状のアイスを吸い出させ、口の周りの筋肉の使い方を見てあげましょう。口を突き出す、口を閉じるなどの動きが身につきます。また、板のりを使い、小さくかみながら、ゆっくり口を動かして上下くちびるの動きを引き出すこともできます。食事やおやつの時間にできるプログラムです。

遊びのコツ

のりは、口の中にくっつきやすいので、水を用意して、詰まらせないように気をつけます。

吹いてみよう

口の周りの筋力がつき、かむ力がつく

しゃぼん玉吹きは、口をしっかり突き出して吹いているか確認しましょう。ストローをくわえる練習にもなります。また、ティッシュを1枚用意し、立って吹きます。これも、口を突き出して吹いているかを確認します。このとき、腕を水平に保持する力が、おわんを持つときの保持力を育てることにもつながります。

遊びのコツ

ティッシュ遊びでは、大人は子どもと向かい合って、「顔が見えるかな？」「もっと吹いてみて！」などと声をかけます。

砂遊び

遊びのコツ

砂が乾いていたら、水で湿らせると、すくい方が実感できます。砂場なのでこぼしても平気です。

食器の使い方の練習になる

食事に使うスプーンやおわんなどを使って、砂をすくい、おわんに入れたり、まぜたりなどのままごと遊びをしましょう。失敗してもよいので、いろいろとすくう練習をしてみてください。すくうときの手首の使い方やスプーンの持ち方などが身につきます。

座る

学校では、椅子に座る時間が長い。正しく座れないと学習に影響する

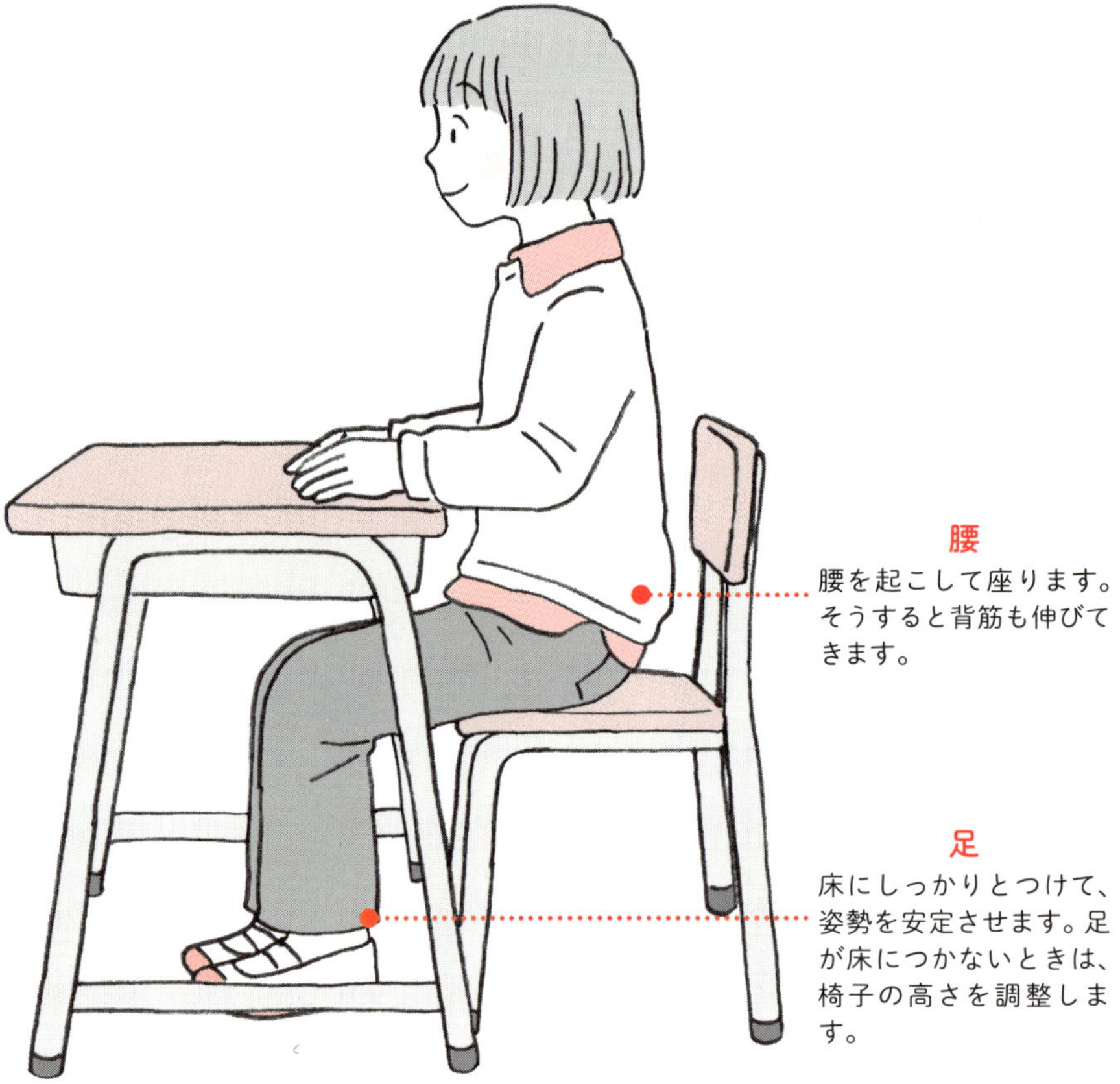
腰
腰を起こして座ります。そうすると背筋も伸びてきます。
足
床にしっかりとつけて、姿勢を安定させます。足が床につかないときは、椅子の高さを調整します。

小学校の授業時間は45分間です。その間、じっと椅子に座り、先生の話を聞いたり書いたりして学習します。好きなときに座って、飽きたら立つことはできなくなります。まさに、学校生活は椅子生活といえます。

学校の椅子生活にむけて、家庭でも椅子に座ることを習慣にしておくとよいでしょう。上手に座るためには、正しい姿勢で座ろうという気持ちの面だけでなく、体を支える筋肉と、体の位置情報をキャッチする視覚、バランス感覚機能が相互に働く必要があります。

例えば、骨盤を起こすように座ると背筋も伸びます。また、足が床にしっかりついていることも姿勢の安定につながります。しっかり座ることができてはじめて、学習が効率よく身につきます。座位姿勢は学習の土台になります。

こんな様子があれば「できる」を増やす遊びをやろう

□ 顔が机に近づいている

ほおづえをついたり、突っ伏したりしていることが多い。

➔ P40 クッション壁つぶし　➔ P41 タオルはさみ

□ 猫背になっている

背中が丸くなり、頭が垂れ下がっている。

➔ P40 あぐら相撲　➔ P42 椅子トンネル

□ 椅子からすべり落ちる

おしりが座面からすべり、ずり落ちた状態になっている。

➔ P41 足をスリスリ

□ 背もたれに寄りかかる

背もたれに寄りかかりすぎて背中が丸まっている。

➔ P41 足をスリスリ

□ 体が傾く

左右のどちらかに傾いている。

➔ P40 クッション壁つぶし
➔ P41 タオルはさみ

あぐら相撲

腰を起こして背筋を伸ばす

股関節をしっかり広げてあぐらで座ります。手で体を支えないようにするため腕を組みます。大人が子どもの左右や前後から、ゆっくり押して倒すゲームです。骨盤が後傾したり、猫背になっていると、よろけやすいので、骨盤が前傾していることを確認します。前傾姿勢を引き出し、背筋を伸ばすように促しましょう。

遊びのコツ

大人が押すときは、やさしく持続的に押します。倒れたら交代して遊びましょう。

クッション壁つぶし

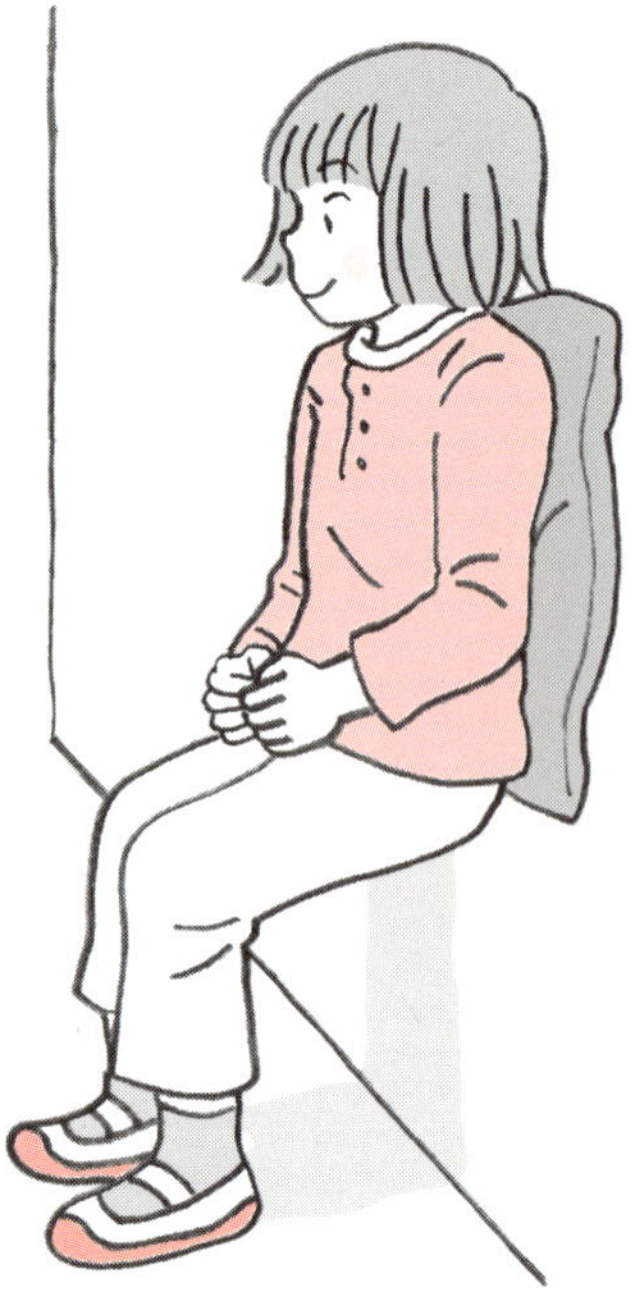

腰を起こして背筋を伸ばす

やわらかめのクッションを用意します。クッションを壁につけて、子どもの背中でクッションを押します。クッションが落ちないように、背中をまっすぐにして壁に押しつけることで、背筋を伸ばす力を養います。それが、椅子に座ったときに腰を起こして背筋を伸ばす力を高めます。

遊びのコツ

厚みのあるクッションのほうがやりやすいです。深くひざを折らず、軽く寄りかかる程度からはじめるとコツがわかります。

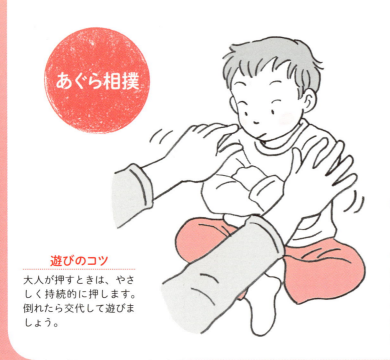

タオルはさみ

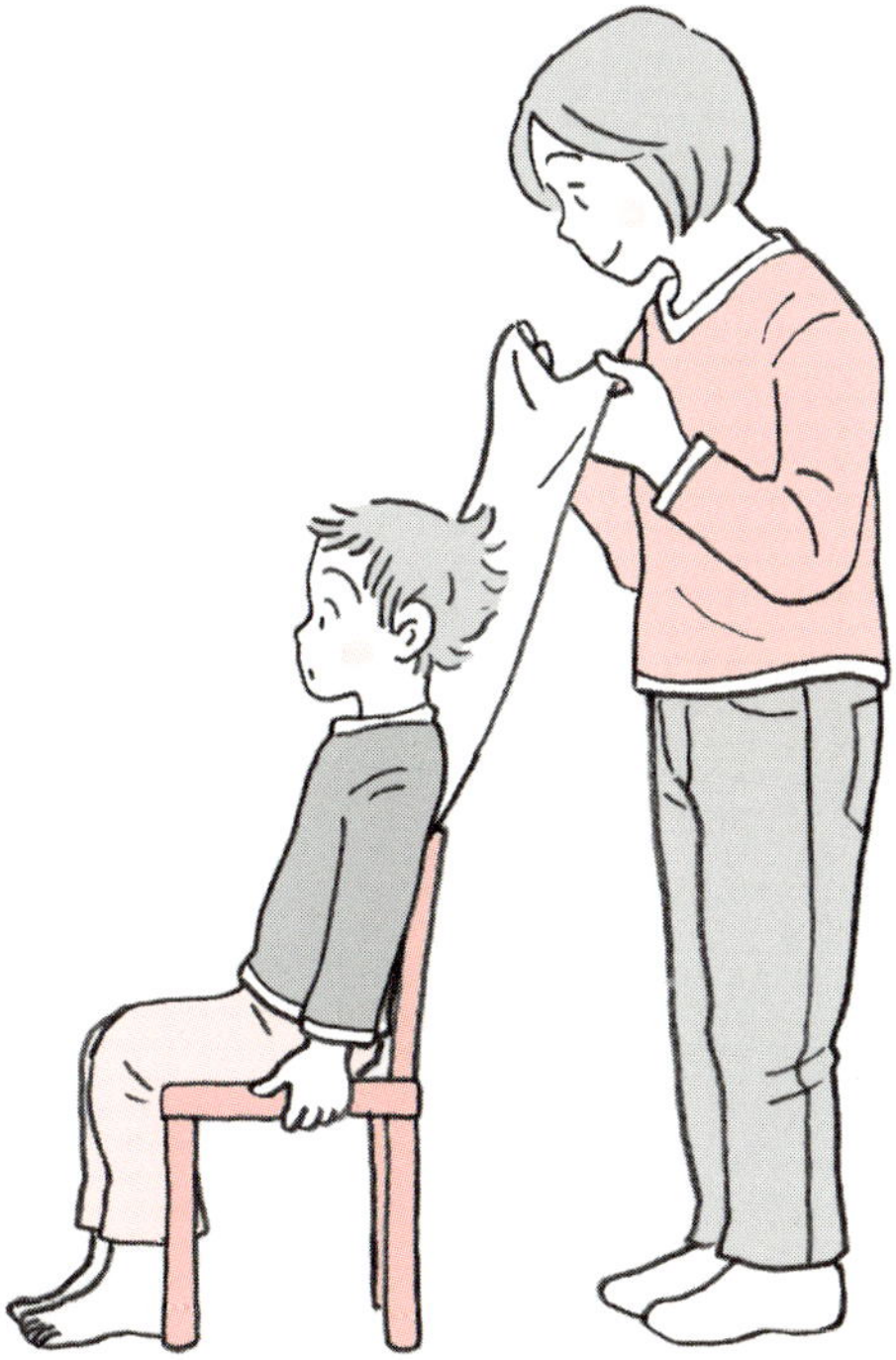

胸を張って背筋を伸ばす

子どもの背中と椅子の背もたれの間に、タオルをはさんで座ります。大人は、タオルを上のほうに引っぱりましょう。子どもはタオルが抜けないように、背中で背もたれを押し続けます。この動きが、腰を起こして背筋を伸ばす力を高めます。

遊びのコツ

りきみすぎて、後方へ転倒しないように気をつけます。

足をスリスリ

遊びのコツ

足をこすり上げるのがポイント。足を下方にこするときは、りきまず、ゆっくりと下げます。

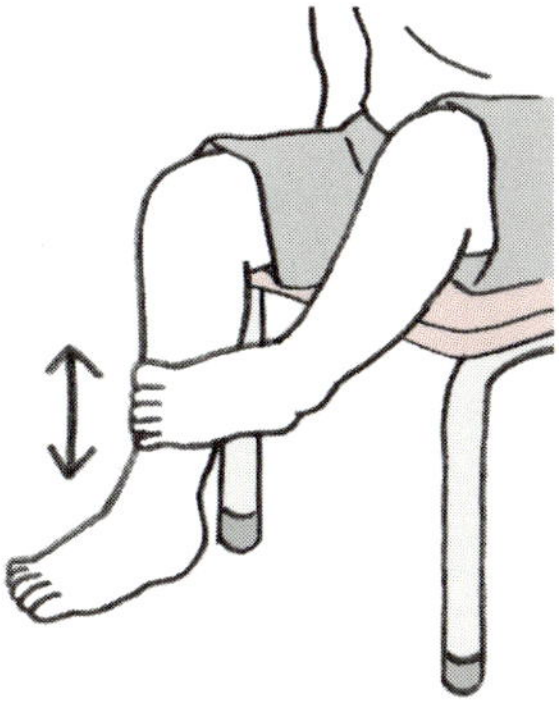

腰を起こして背筋を伸ばす力がつく

足の内側をこする体操です。土踏まずを反対の足の内くるぶしにつけて、上にこすり上げます。10センチほど上下にこする動きを４回行います。できたら、反対の足も同様に行います。次に外くるぶしに反対の足の甲をあて、同様に左右の足をこすります。この遊びはバランスを保ち背筋を伸ばすのを促します。

椅子トンネル

バランスをとりながら姿勢を保持する

食卓用の椅子を用意します。椅子の4本の脚の間を、よつんばいやはらばいになって前進して通り抜けます。椅子の前後だけでなく左右に横切ったりして遊びましょう。椅子にぶつからないように背筋をまっすぐにして動くことで、姿勢を保持する、バランスをとるなどの基礎的な力が身につきます。

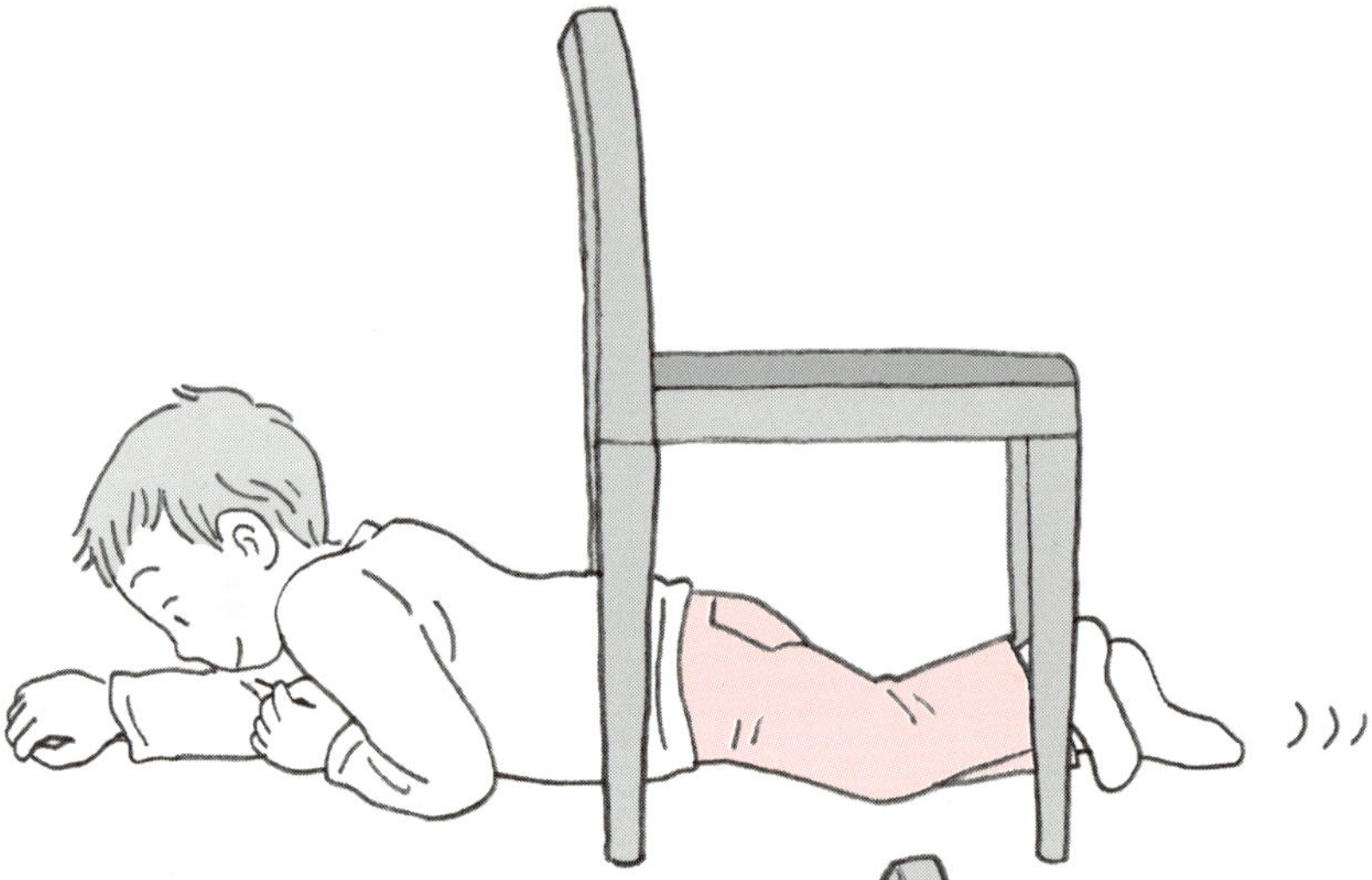

遊びのコツ

椅子だとうまく通り抜けられないときは、食卓のテーブルでやりましょう。

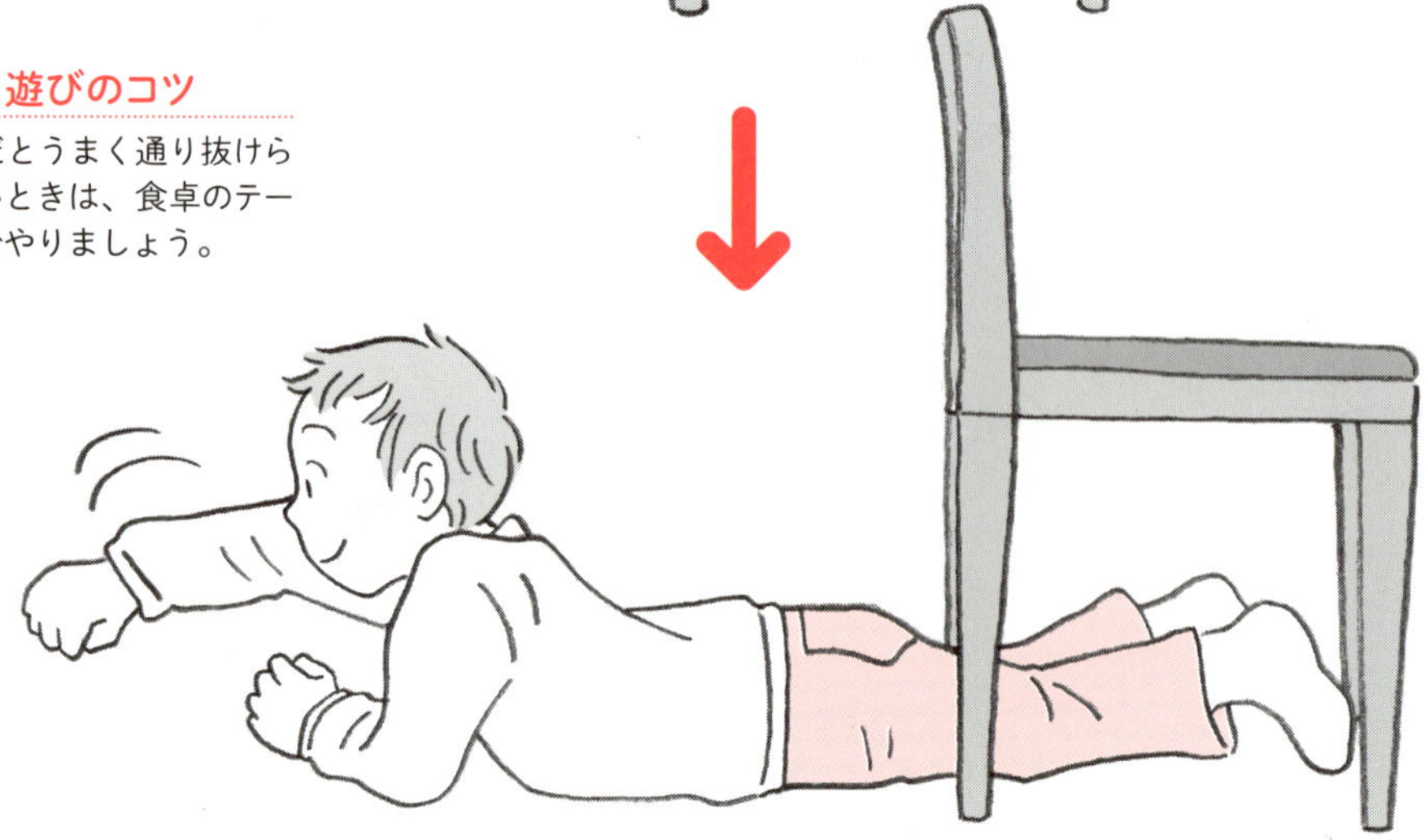

正しい姿勢にセットしよう

胸の上部と、背中の真ん中に手をあて、上体を挟んで持ち上げるように補助します。腰が起きる（骨盤が前傾する）ようにセットしてあげましょう。座り方がなかなかよくならない場合は、手で支えて、正しい腰の位置を体感させるなど、体への補助が有効となります。

よい座りをサポートするには足の支えが大切

足の支えは座りを「持続」させるために大切なポイントです。足の踏んばりが体幹を安定させ、それにより手の指先がスムーズに動き、学習が効率よく行えます。足が床に届かずにブラブラしていたり、つま先立ちになっているときは、台などを活用して、高さを補いましょう。

決められた時間、決められた間隔でじっと立つシーンがたくさんある

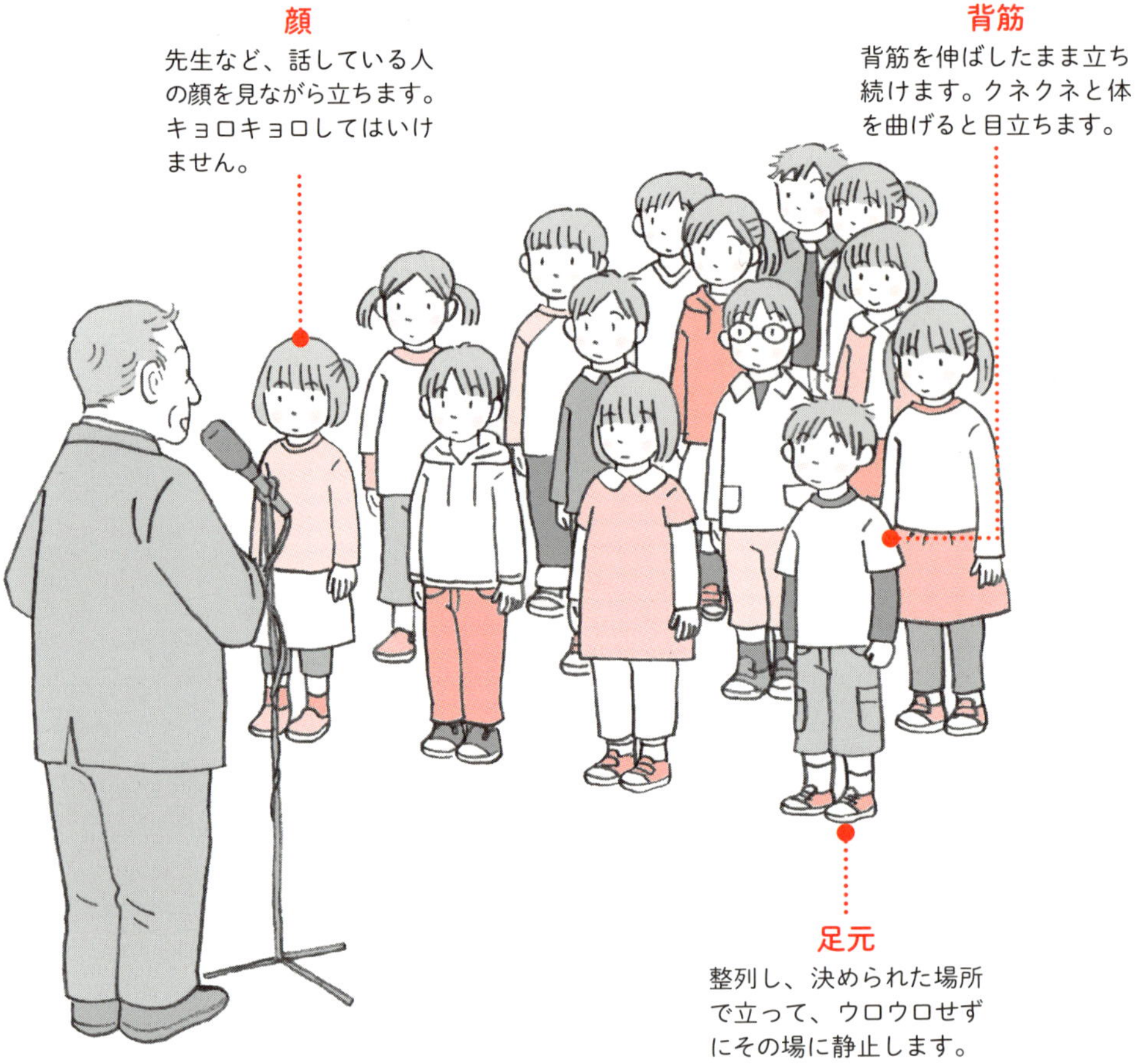
顔
先生など、話している人の顔を見ながら立ちます。キョロキョロしてはいけません。
背筋
背筋を伸ばしたまま立ち続けます。クネクネと体を曲げると目立ちます。
足元
整列し、決められた場所で立って、ウロウロせずにその場に静止します。

立位はすべての動きのスタート姿勢です。小学校では校庭や体育館に集合し、先生の話をじっと立って聞く機会がしばしばあります。好きな場所に自由なときに立つのではなく、一定時間に決められた場所で、友達とぶつからないように立ち、動かないで聞くことが求められます。

立つことは、足腰の筋力だけでできるのではありません。位置情報をキャッチするバランス感覚、視覚の情報も使って、精度よく立つことができるのです。

もしバランスをくずすと、けがの元になるので、バランスをとって体を調整しなければなりません。バランスをよくするには、筋力だけ鍛えても効果は発揮されません。バランス感覚と視覚が一体となってスムーズに連携して働くよう、いろいろな姿勢でバランス感覚を育てる遊びをしてみましょう。

こんな様子があれば「できる」を増やす遊びをやろう

□ 傾けて立つ

体を傾けて立つ。または、片方の足に体重をかけて立つことが多い。

➔ P47 お空を押して

□ 猫背で立つ

最初はまっすぐに立っていられても、時間がたつと背中が丸まり、猫背の姿勢になる。

➔ P46 横転ゴロゴロ
➔ P46 振り子立ち

□ 体がかたい

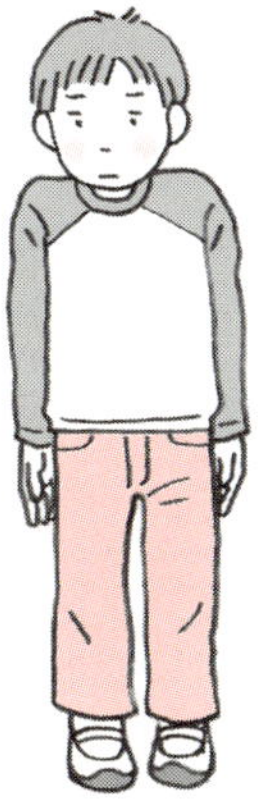

体に力が入り、全身がロボットのようにカチカチにかたく見える。

➔ P48 バランスボール遊び
➔ P51 足タッチブランコ

□ 平坦なところでもよく転ぶ

ものがないのに、よくつまずいて転ぶ。手が出ず、顔にけがが多い。

➔ P47 線踏み立ち
➔ P48 バランスボール遊び

□ 動きはじめにバランスがくずれる

立ち上がるときなどに、バランスをくずして転倒しそうになる。

➔ P50 押し相撲

横転ゴロゴロ

頭部を回転してバランス感覚を高める

床に寝て、ゴロゴロと体幹をひねりながら横転していきます。頭を起こして、体幹のひねり運動を引き出すようにしましょう。頭部が回転する横転は、バランス感覚を高めます。

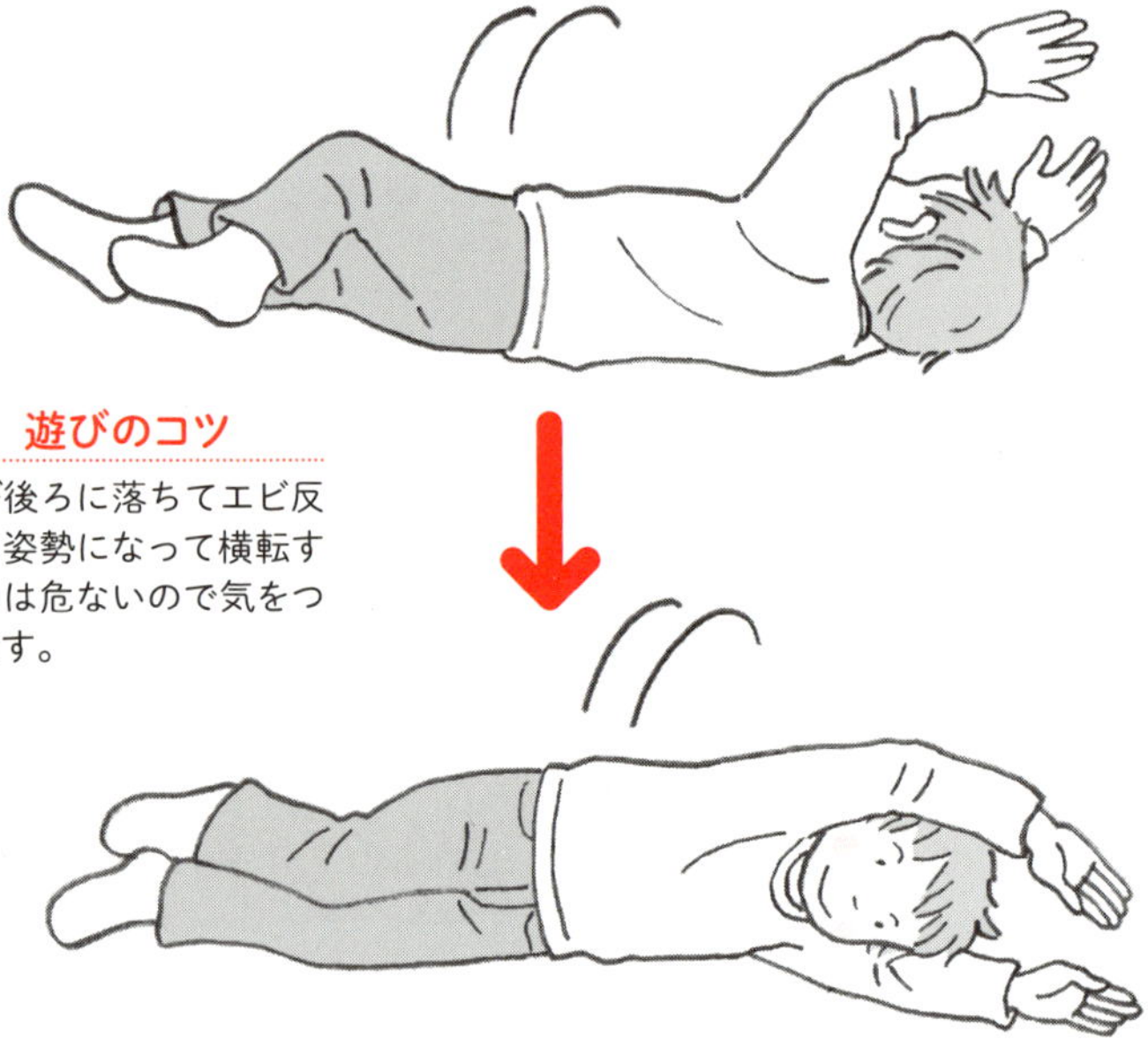

遊びのコツ

頭が後ろに落ちてエビ反りの姿勢になって横転するのは危ないので気をつけます。

振り子立ち

体幹をまっすぐに保つ力をつける

「つま先立ち」と「かかと立ち」を組み合わせた体操です。まっすぐに立ち、足の位置をずらさないようにして、つま先立ちとかかと立ちを繰り返します。足の動きに合わせて体幹を動かし、バランス感覚を養います。

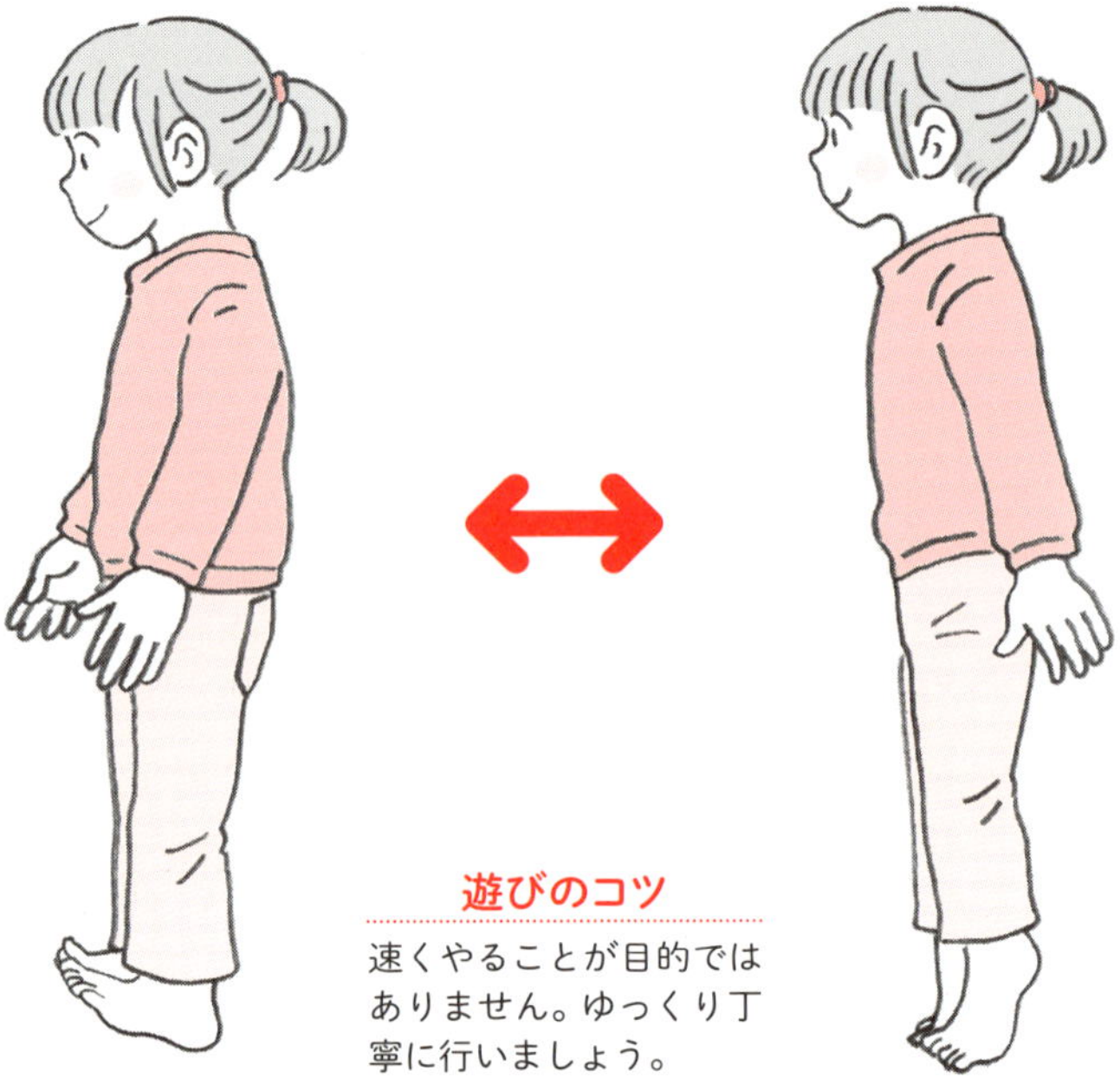

遊びのコツ

速くやることが目的ではありません。ゆっくり丁寧に行いましょう。

お空を押して

背筋を伸ばし、姿勢をよくする

立ち姿勢から天井を見ます。手のひらを天井に近づけるように背伸びします。そのとき、天井を見続けます。首をしっかり反らせて上を見るように心がけます。手首の反らしと、顔をあげて背筋を伸ばす力を高めて、全身をまっすぐに姿勢よく立つことにつながります。

遊びのコツ

手首の反らしが難しい場合は、手を上にあげるだけでもよいでしょう。背伸びを促すと、足首も鍛えられます。

線踏み立ち

まっすぐ立つ
バランス感覚を養う

床にビニールテープなどで線を引き、その上に足を合わせて立ちます。かかととつま先をつけて、左右の足がどちらも一線上に乗るように、前後にピタッとつけて立ちます。左足と右足を逆にしても行い、体が揺れないようにまっすぐ立って、バランス感覚を養います。

遊びのコツ

慣れてきたら、１歩１歩かかととつま先をつけながら歩きます。徐々にスピードを上げてみましょう。

ヒコーキ

バランスボールに腹ばいに乗り、ヒコーキのような姿勢をとります。できるだけ長く姿勢が保てるように促しましょう。

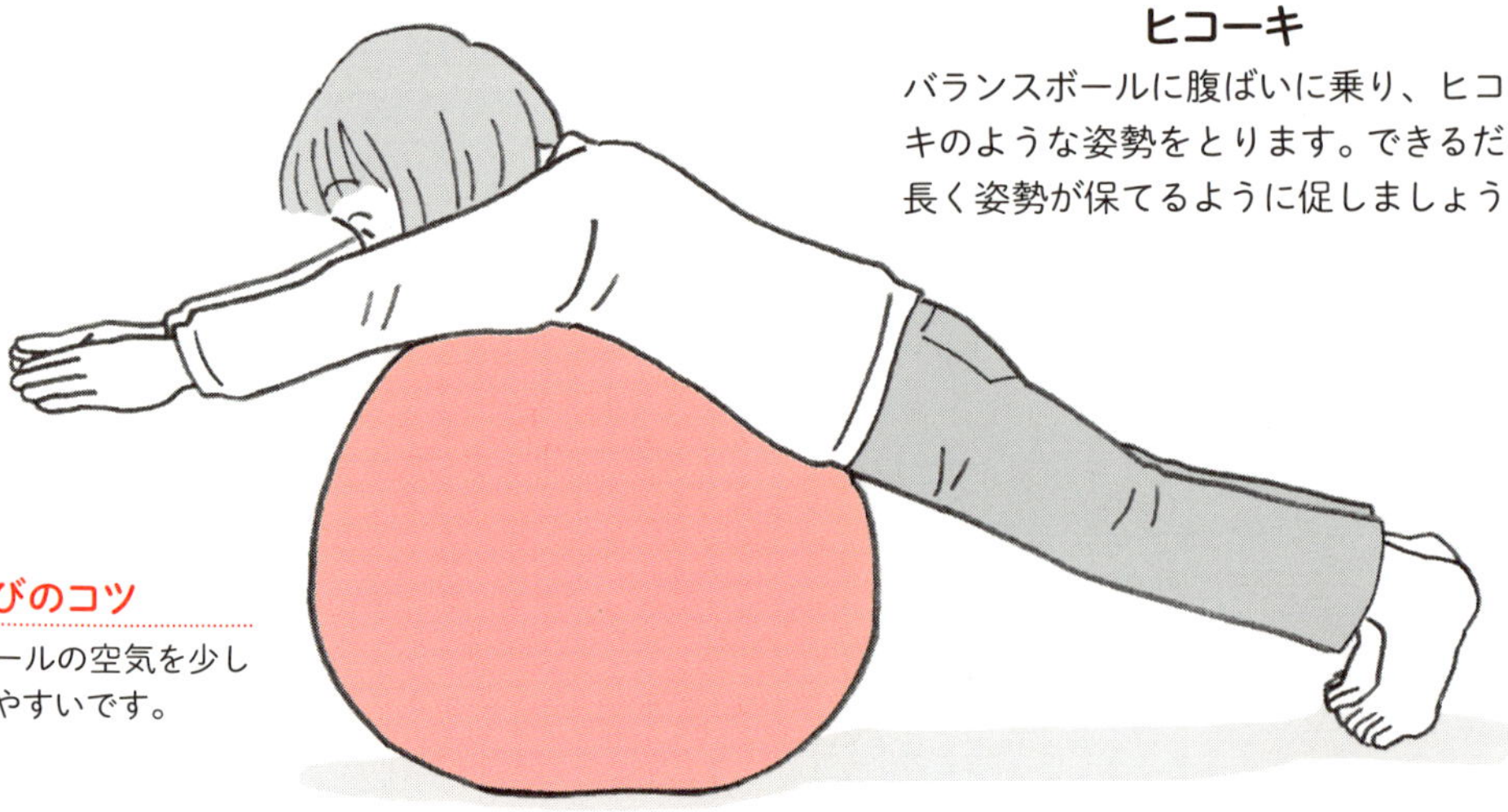

遊びのコツ

バランスボールの空気を少し抜くとやりやすいです。

バランスボール遊び

バランスをとりながら姿勢を保持する

バランスボールに腹ばいに乗ります。足をつけて手を離す、または床に両手をつけてくずれないように姿勢を保ちます。座って両足を床から離してバランスをとるやり方もあります。ボールが転がってしまわないように保つことで、バランス感覚を養います。必ず大人が横で見守ります。

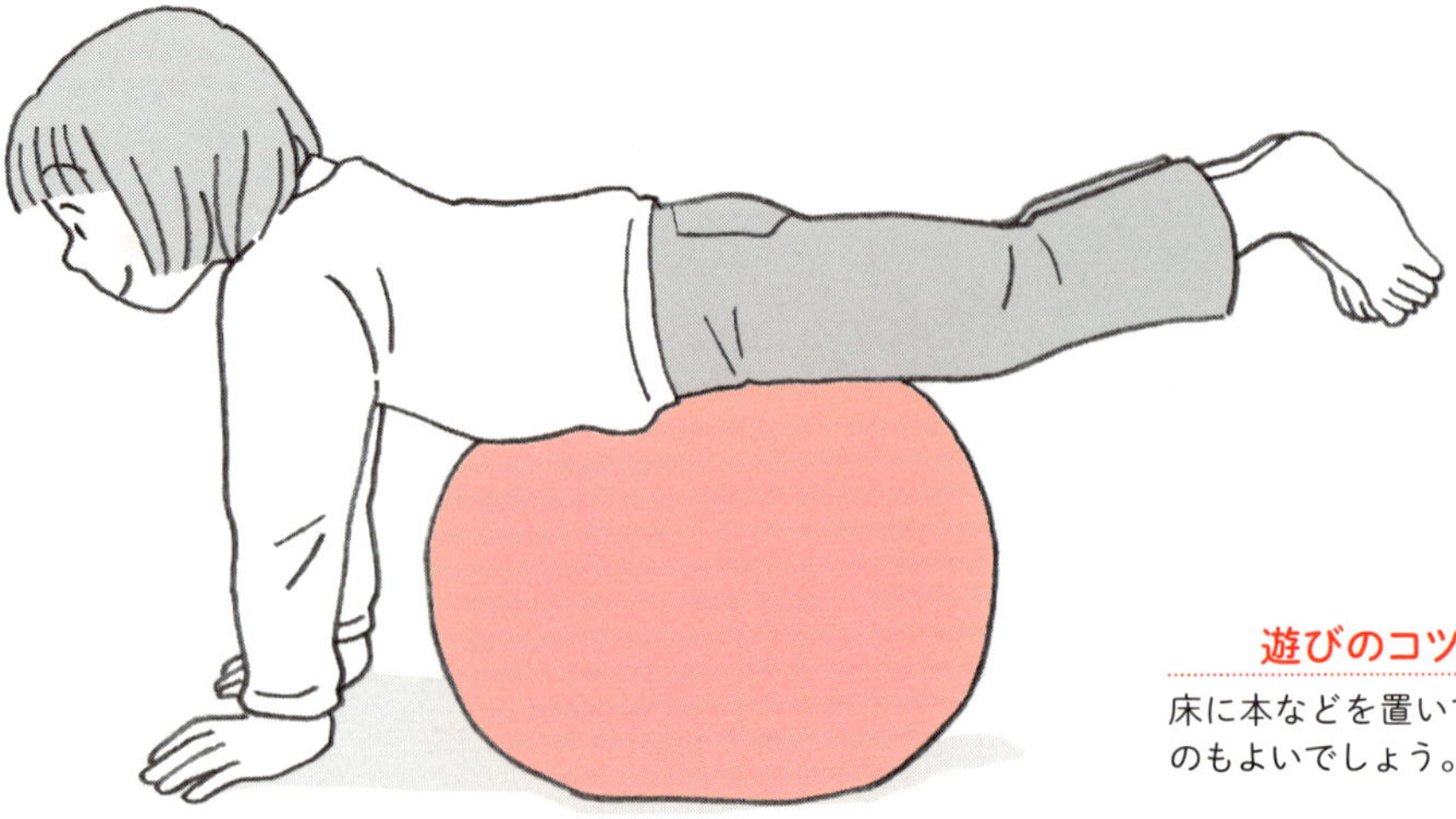

腹ばい

バランスボールに腹ばいに乗り、床に手をつけて、体を支えます。腕の支える力やバランス感覚を養います。

遊びのコツ

床に本などを置いて見るのもよいでしょう。

座る

バランスボールに腰かけ、両足を床につけます。背筋を伸ばしながら、足は床につけたままで軽くジャンプします。座位のバランス感覚を養います。

遊びのコツ

慣れてきたら、座ったまま床から足を浮かせて、バランスをとってみましょう。

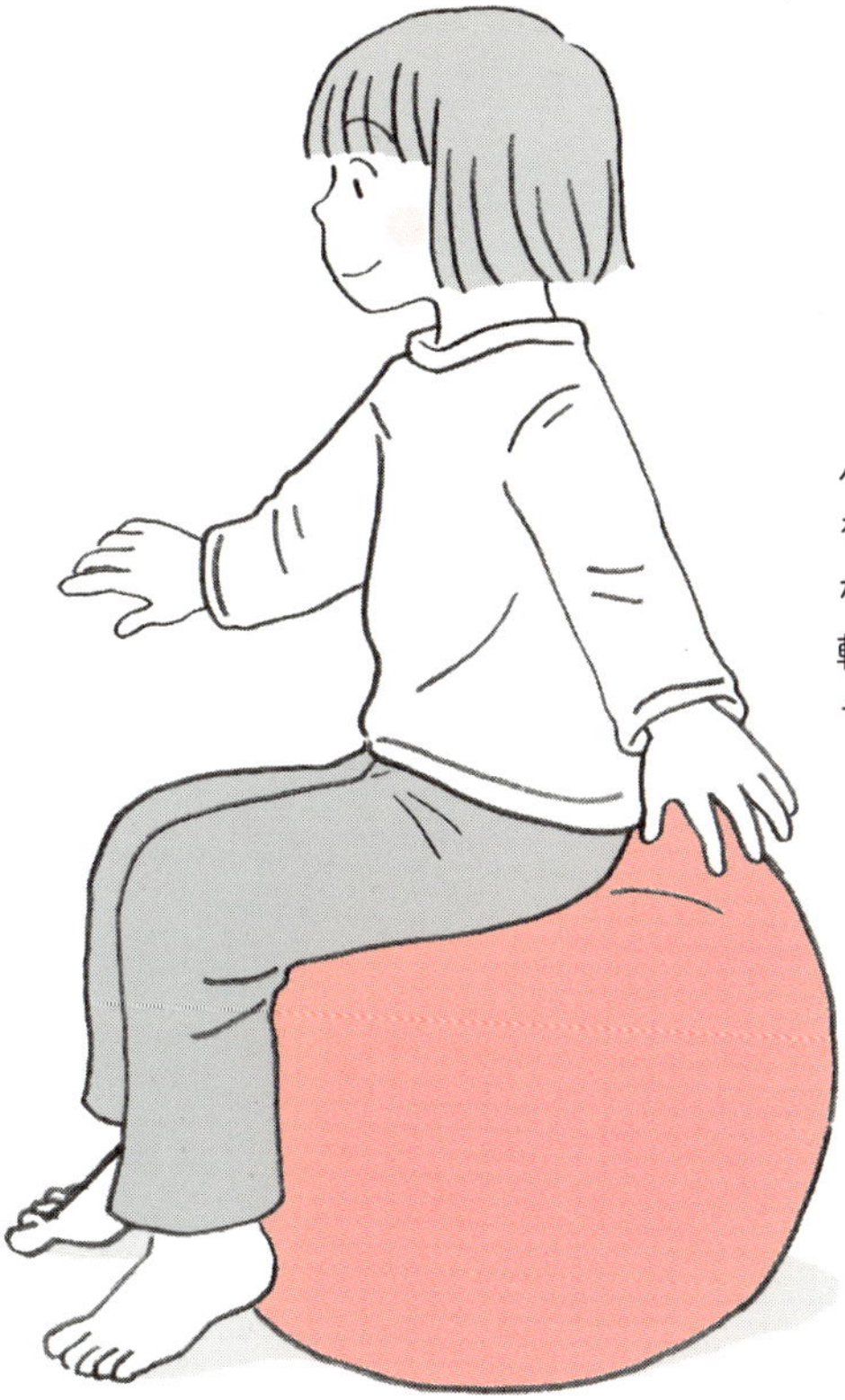

仰向け

バランスボールに仰向けに乗って両足を床につけます。落ちないように、ボールの上で、体を保ちましょう。慣れてきたら、片足を上げてみましょう。

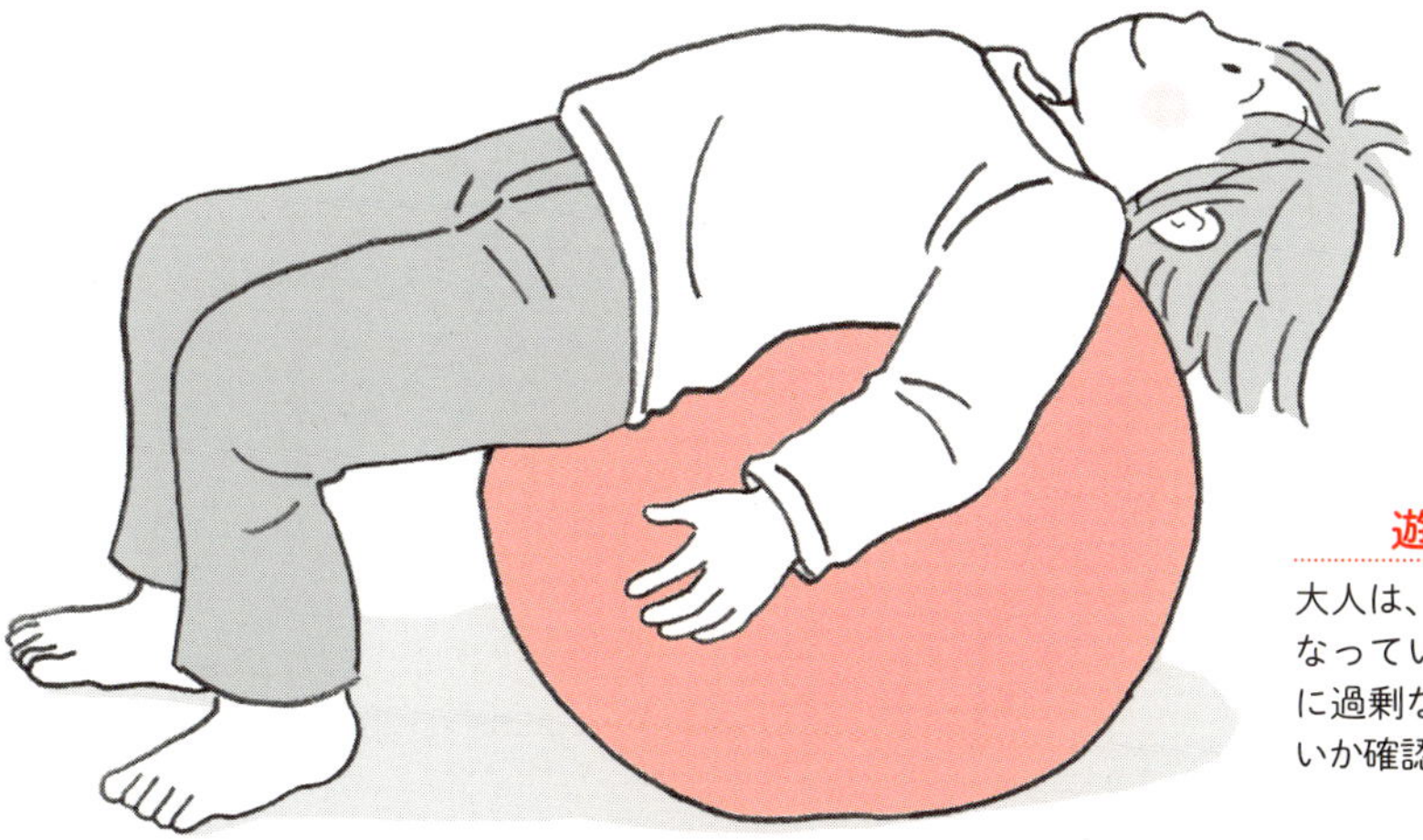

遊びのコツ

大人は、体が左右対称になっているか見ます。首に過剰な力が入っていないか確認しましょう。

押し相撲

体が揺れても元に戻る力をつける

２人で向かい合って立ちます。相手の手のひらを両手で押します。足は動かさないようにします。足が動いてしまったり、よろけて倒れてしまったほうが負けです。体の軸が傾いても、バランスをとって、まっすぐな位置に戻せる力を高めます。

遊びのコツ

瞬間押しではなく、長く押せるように、大人が工夫しましょう。床がすべるようなら、靴下を脱ぎます。

遊びのコツ

揺らしてあげる場合、慣れてきて安定してきたら、揺らすスピードの緩急をつけてみましょう。

足タッチブランコ

揺れながらも体幹をまっすぐに保つ

こぐ前の座っている姿勢が、猫背になっていないか、ボードに深く座りすぎていたり、ずり落ちたりしないか確認しましょう。大人は正面で向かい合って、「右足伸ばして」、「左足上げて」などと声をかけて、子どものひざや靴にタッチします。こちらの指示に対し体を動かすことを覚えます。また、片足だけを上げ下ろししても、フラフラしないバランス感覚を養います。

階段チェックリスト

階段は上がることができても、下りることが苦手なこともあります。手すりがあれば大丈夫なのか、手をつなぐなどの介助が必要なのか、いろいろな階段でチェックしてみましょう。

上がる 自宅近辺、駅、園、 その他：
□ 自力困難(全部不可能)
□ 自力困難(1,2段程度可能)
□ 介助すれば可能(まだ不安定)
□ 介助すれば可能(ほぼ可能)
□ 手すり(見守り必要)
□ 手すり(ほぼ可能)
□ 自力可能
その他：

下りる 自宅近辺、駅、園、 その他：
□ 自力困難(全部不可能)
□ 自力困難(1,2段程度可能)
□ 介助すれば可能(まだ不安定)
□ 介助すれば可能(ほぼ可能)
□ 手すり(見守り必要)
□ 手すり(ほぼ可能)
□ 自力可能
その他：

じっと座り、黒板や教科書を見ながら紙を押さえて鉛筆を持って書く

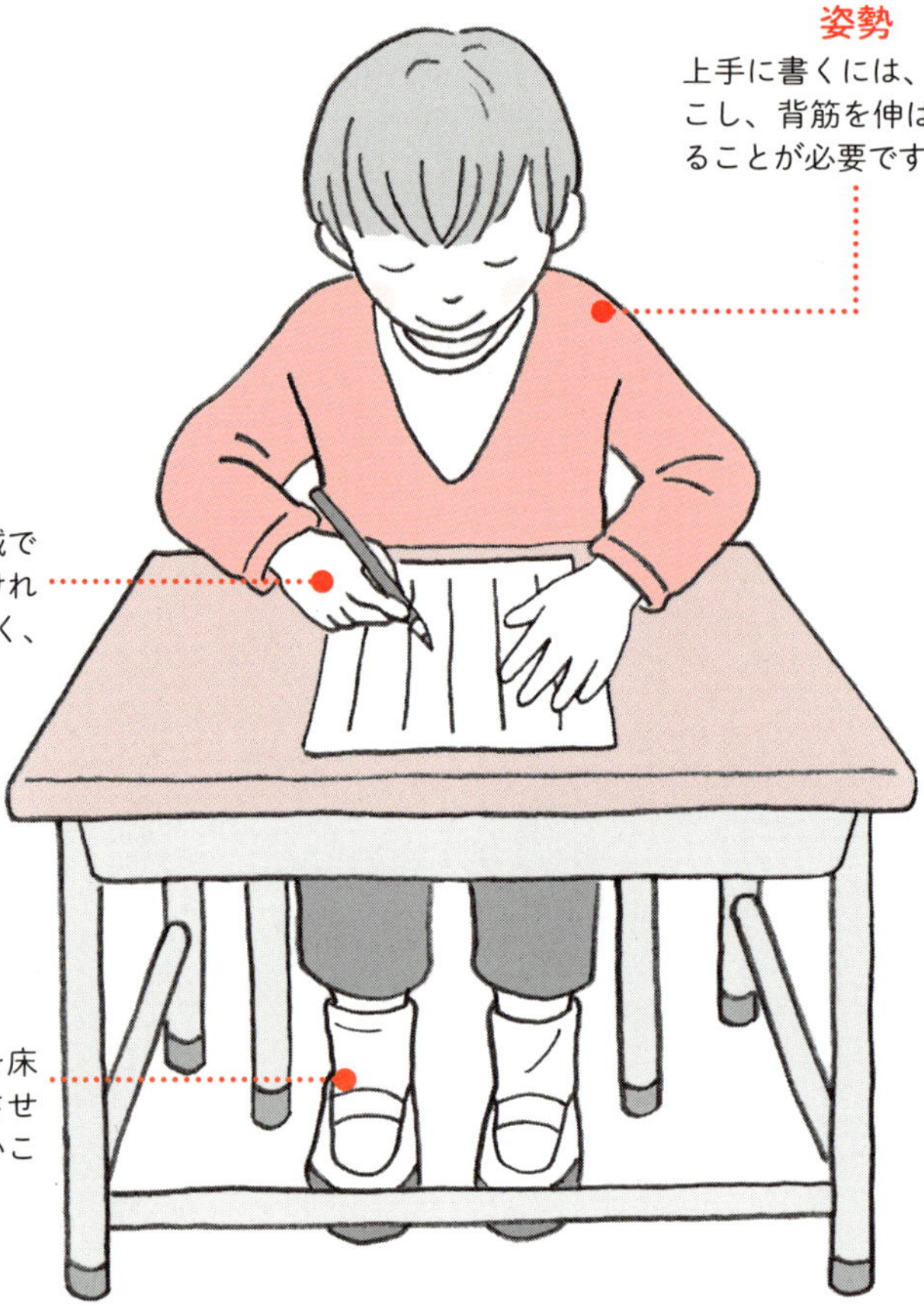

姿勢
上手に書くには、腰を起こし、背筋を伸ばして座ることが必要です。

鉛筆
３本指で、程よい加減で鉛筆を持って書かなければ、疲れてしまい、長く、早く書けません。

足
上手に書くには、足を床につけて、腰を安定させて上体がふらつかないことが必要です。

書く練習をするというと、親は、子どもの書いた「絵」や「字」にばかり目がいきます。何度練習しても、上手にできない場合は、字を見るのではなく、子どもの体にも目を向けてみてください。

具体的には、鉛筆の持ち方や座っているときの姿勢です。書くためには、まず、土台となる姿勢を保つためのバランスをとる機能が必要です。次に、鉛筆や消しゴムを握る、紙を押さえるなどの指先の操作機能も必要です。そして、親指で鉛筆を操作する力が必要となります。

また、見るなどの感覚機能も必要です。例えば、先生を見る、黒板、教科書、ノートを見るなど。

上手に書くためには、見る力や指先の操作力が必要になります。さらに、姿勢を保持する力が十分に備わってはじめて、書く力が向上します。

こんな様子があれば「できる」を増やす遊びをやろう

□ 鉛筆の先端を持つ

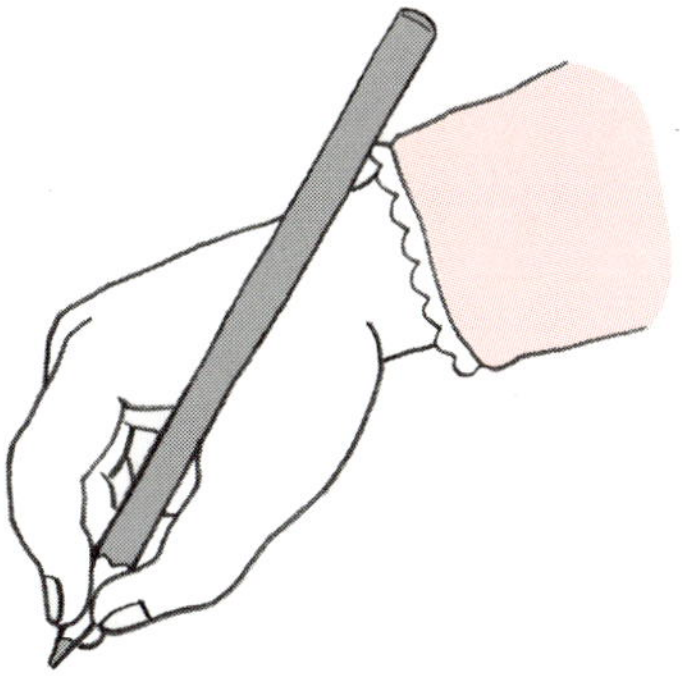

鉛筆の先の削ってある部分を持ち、親指が曲がって手が疲れたり、筆圧が強すぎたりする。

➡ P57 リング相撲　➡ P59 親指コロリン
➡ P60 輪ゴムストッパー

□ 鉛筆をグー握りしている

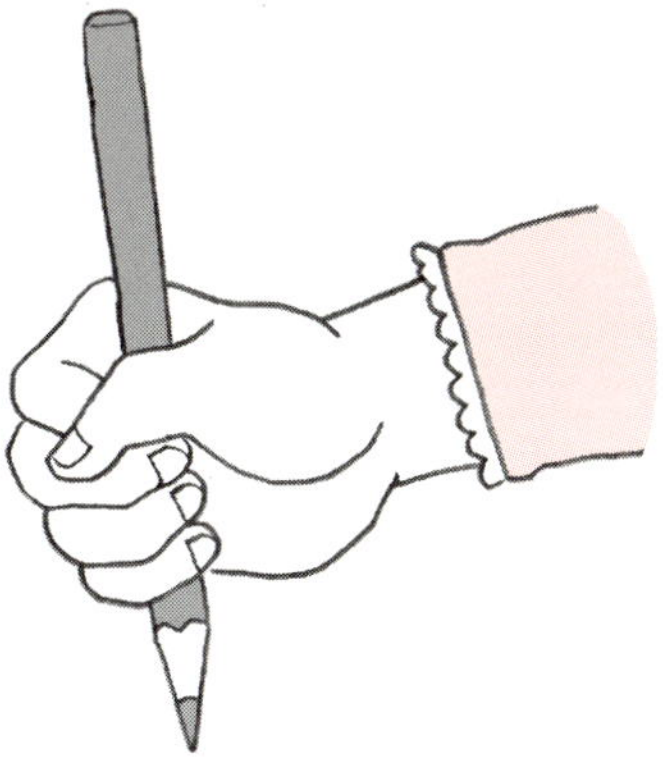

小さい子がクレヨンを持つように4本や5本の指で鉛筆を持ち、腕や手首を動かして書いている。

➡ P54 こま遊び　➡ P57 指めがね　➡ P58 鉛筆消し

□ 反対の手で紙を押さえない

書くときに紙を押さえていなかったり、押さえる力が弱くて、紙がずれてしまう。

➡ P55 スタンプ遊び
➡ P56 ひねり遊び
➡ P60 剣を作ろう

□ 筆圧が強い、または弱い

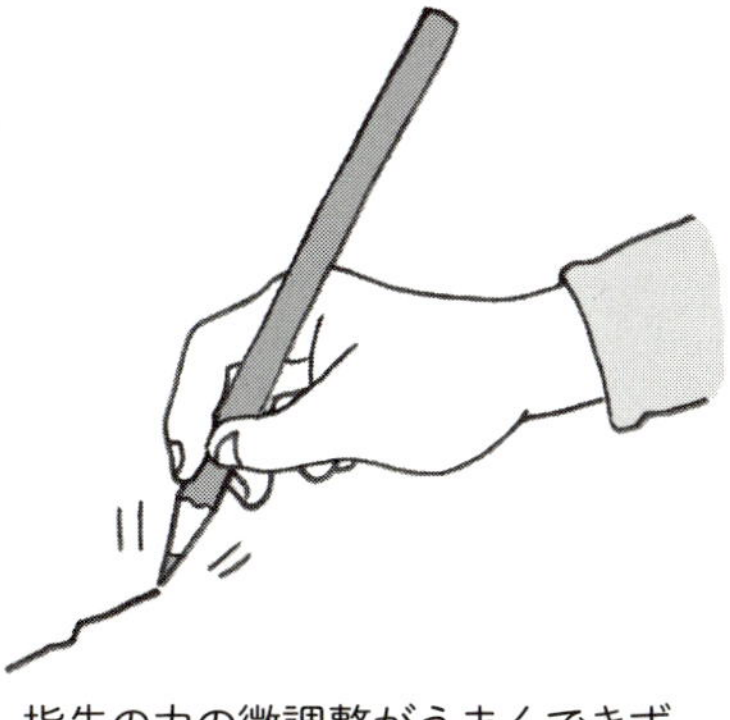

指先の力の微調整がうまくできず、字を書くと、筆圧が強すぎたり、逆に、弱すぎたりする。

➡ P55 コルクプチプチ
➡ P56 大きな丸を描こう
➡ P58 鉛筆キュッキュッ

□ 親指が出っぱっている

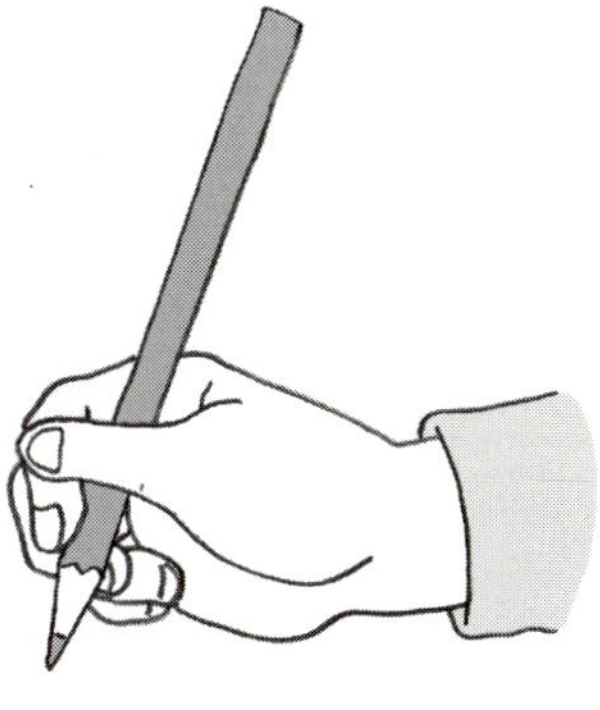

親指を人さし指にあて、親指が飛び出た形になっていて、鉛筆をしっかり持てず、速く書けない。

➡ P54 逆洗濯ばさみクレーン
➡ P55 コルクプチプチ
➡ P59 鉛筆クルクル

こま遊び

遊びのコツ

こまが小さいとひねりにくいので、大きなこまがおすすめです。

指先を動かすタイミングや力加減を身につける

こまを親指と人さし指でつまみ、ひねりながら回します。コンパスなどのひねる動きを養うとともに、指先を思い通りに動かすイメージをつかみます。長く回すにはどうしたらいいのか、工夫しながら、やってみましょう。

逆洗濯ばさみクレーン

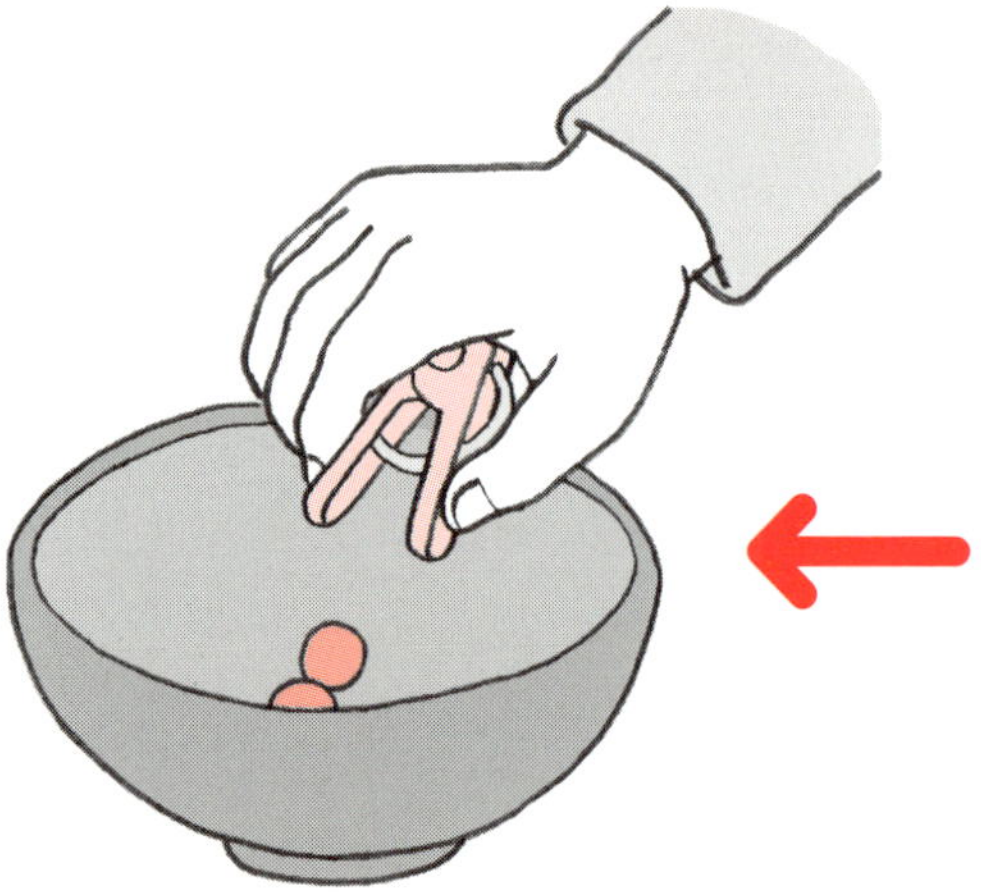

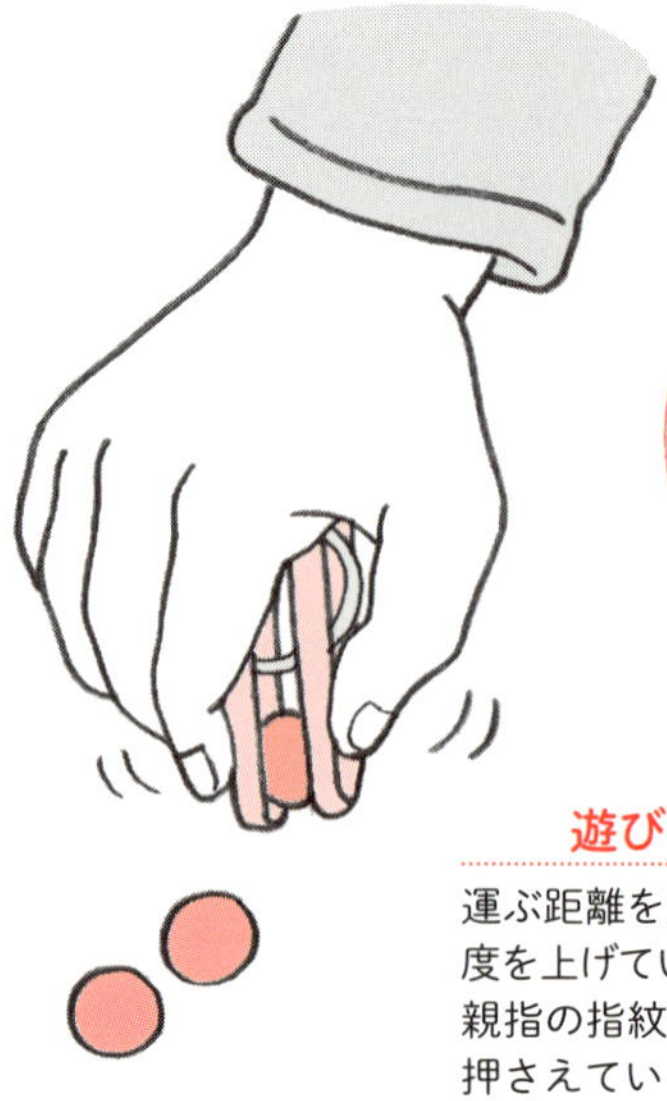

親指で鉛筆を押さえる力がつく

洗濯ばさみを逆に持ち、取っ手部をつまみながら、小さな球をつまみます。つまめたらクレーン車に見立てて、器や大人の手に球を入れます。バネの力を押し返して、親指でギュッと押さえる力を養います。

遊びのコツ

運ぶ距離を延ばして難易度を上げていきましょう。親指の指紋部できちんと押さえているか確認します。

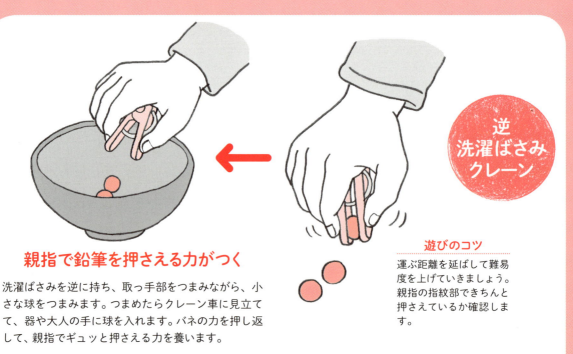

コルク プチプチ

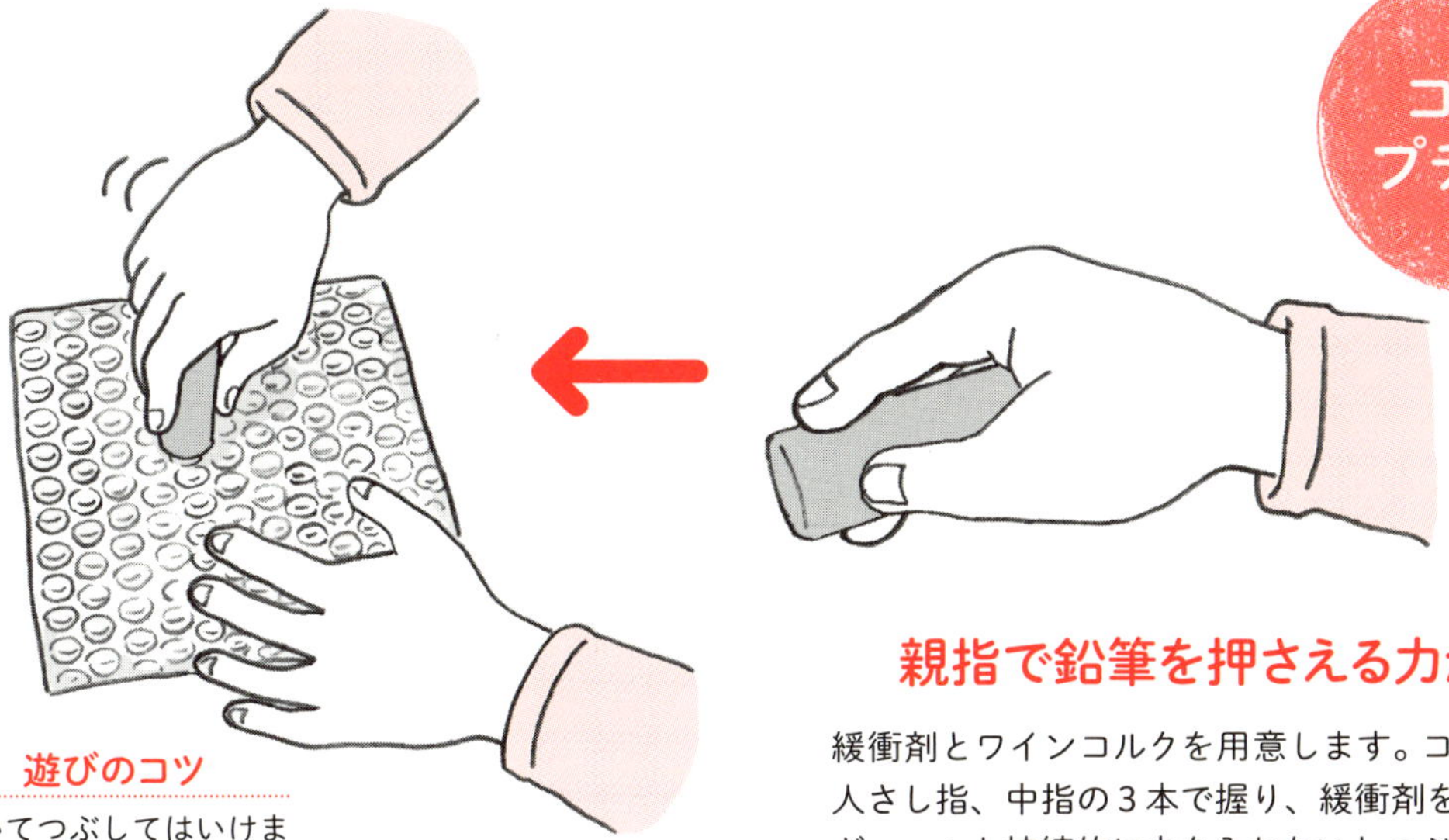

親指で鉛筆を押さえる力がつく

緩衝剤とワインコルクを用意します。コルクを親指、人さし指、中指の３本で握り、緩衝剤をつぶします。ギューッと持続的に力を入れないとつぶれません。遊びながら力が入り、親指の押さえる力を高めます。

遊びのコツ

叩いてつぶしてはいけません。うまくつぶせていたらほめ、何個つぶせるか挑戦してみましょう。

スタンプ遊び

握る力と目と手の協調運動を促す

スタンプはやや大きめのものを用意します。スタンプをしっかり握り、紙に押しつけます。反対の手で紙を押さえて、紙からはみ出さないように押すなど、目や反対の手などの動きも協調させて操作することや、握る力が養えます。

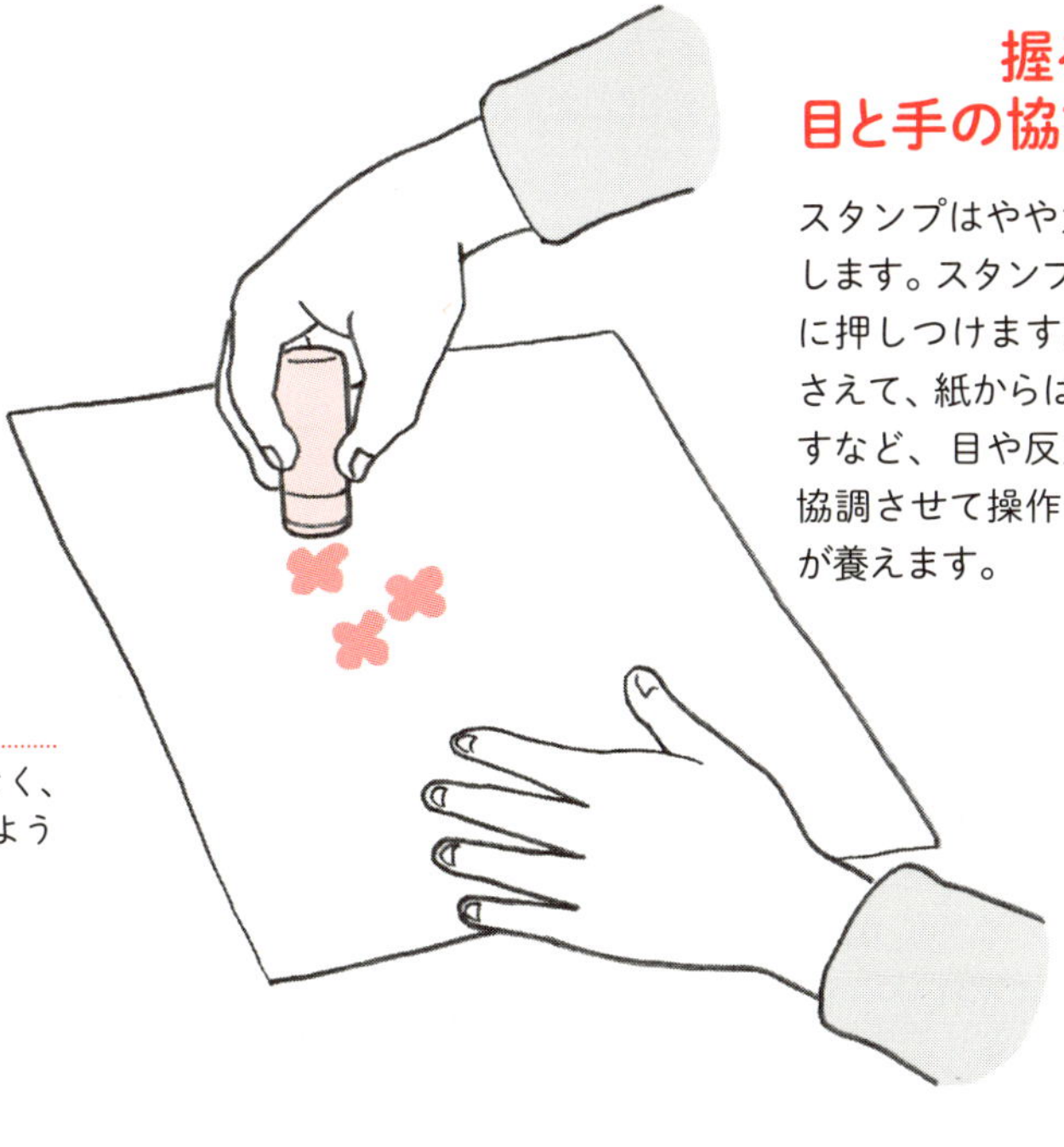

遊びのコツ

一瞬で押すのではなく、しっかり押し続けるように促します。

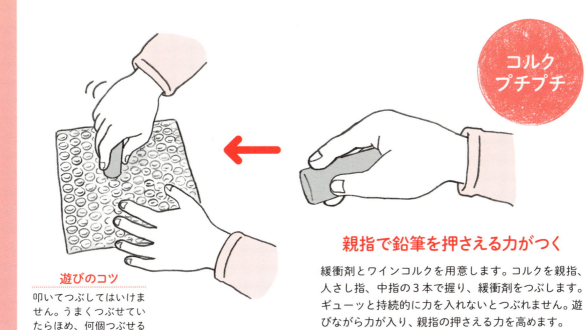

大きな丸を描こう

運筆のコツを知り、適度な筆圧を身につける

大きい紙を用意し、紙いっぱいになるくらいの大きな丸を描きます。指先だけでなく、体幹、腕の使い方の練習になります。子どものレベルに合わせて、手首やひじを持ってサポートしましょう。

遊びのコツ

大きな丸が描けない場合は、大人が見本の線を描いてそれをなぞることからはじめるとよいでしょう。

ひねり遊び

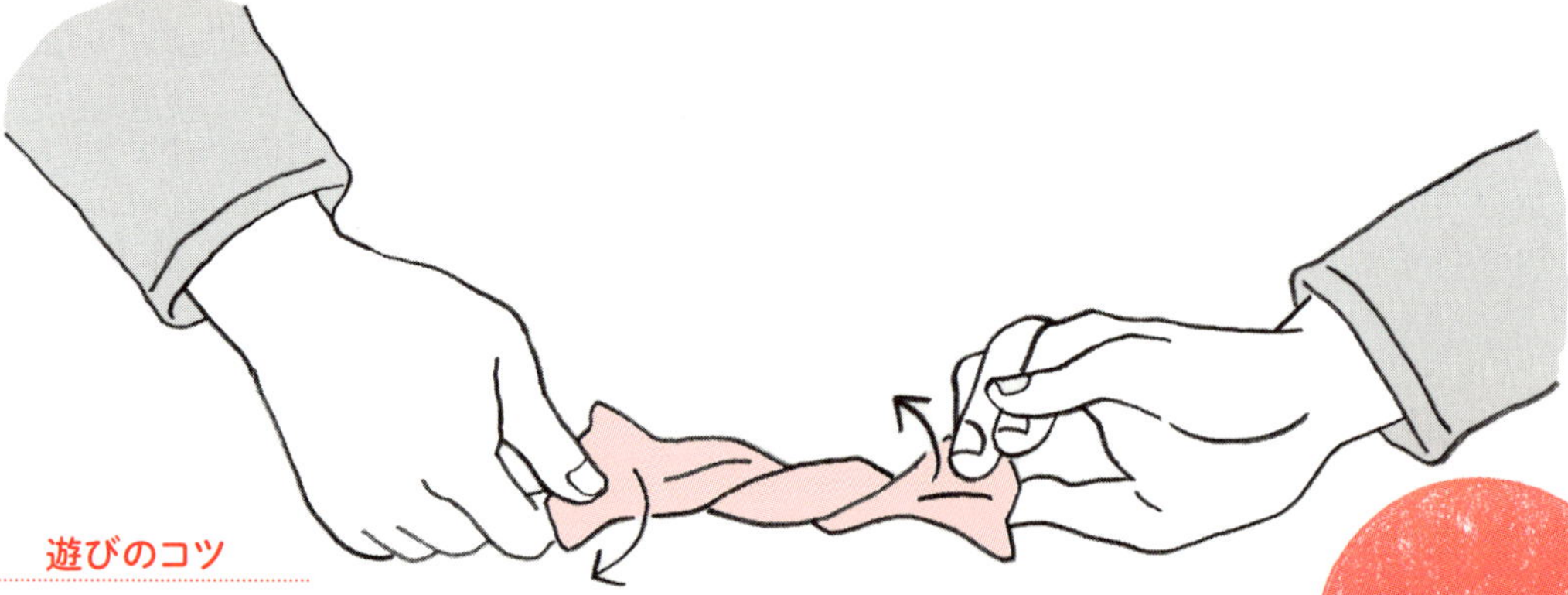

遊びのコツ

おやつの時間の習慣にすれば、効果的な取り組みになります。

手首の返しや指先の力を養う

キャンディなどのお菓子の包み紙を活用します。包み紙を捨てる前に、両手の指先で包み紙を持ち、左右の手首を反対側に回転させて、包み紙をひねります。親指でしっかりつまむ力を高めます。コンパスや蛇口をひねるときの動きにもつながります。

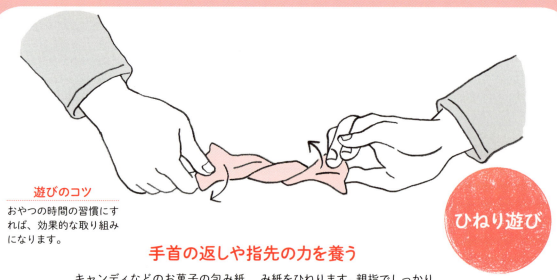

指めがね

指先の細かい操作力を育てる

両手の親指と人さし指で、丸の形のリングを２つ作ります。左右をめがねに見立て、のぞきこみます。楕円ではなく正円になるように、親指を外側（下側）に広げます。親指の外側の動きを高めます。

遊びのコツ

リングの丸がつぶれていないか確認します。つぶれていたら「きれいな丸になるよう指を曲げてみて」と促します。

リング相撲

親指で鉛筆を押さえる力を養う

左右の手の親指と人さし指でリングを作り、鎖のように交差させます。左右に引っぱっても、はずれないように、力を入れます。親指で押さえる力を高めます。

遊びのコツ

慣れてきたら大人とふたりでやってみましょう。リングがはずれないほうが勝ちです。

鉛筆消し

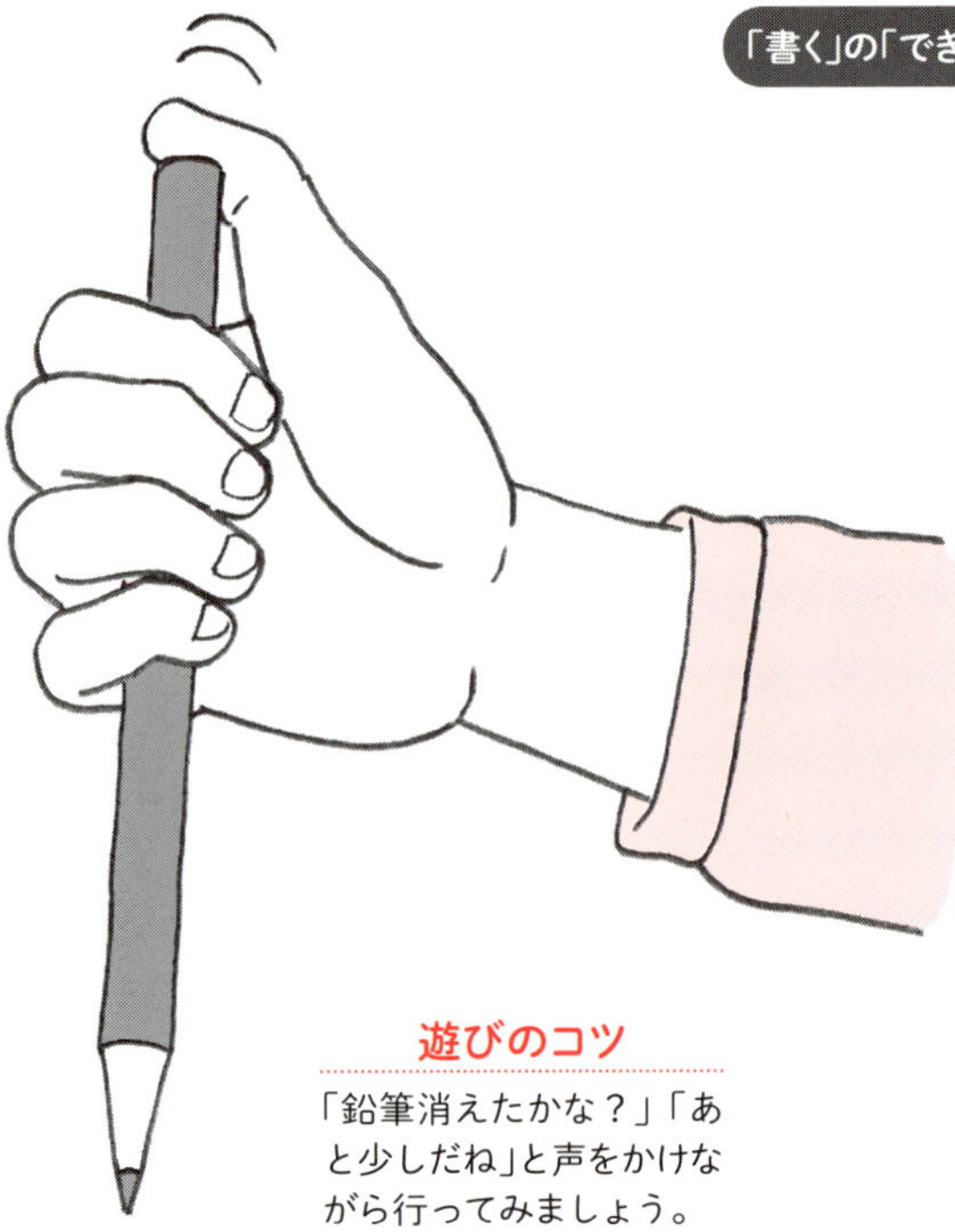

親指の動きを意識する

鉛筆の頭を３センチほど人さし指から出して軽く握り、親指の指紋部をあて、ギュッと押しこみます。親指の力が弱すぎても、残りの指の握る力が強すぎてもできません。程よい力加減に調整することで、鉛筆の操作性を育てます。

遊びのコツ

「鉛筆消えたかな？」「あと少しだね」と声をかけながら行ってみましょう。

鉛筆キュッキュッ

遊びのコツ

手のひらだけでなくいろいろなところにつけて、キュッキュッとやってみましょう。

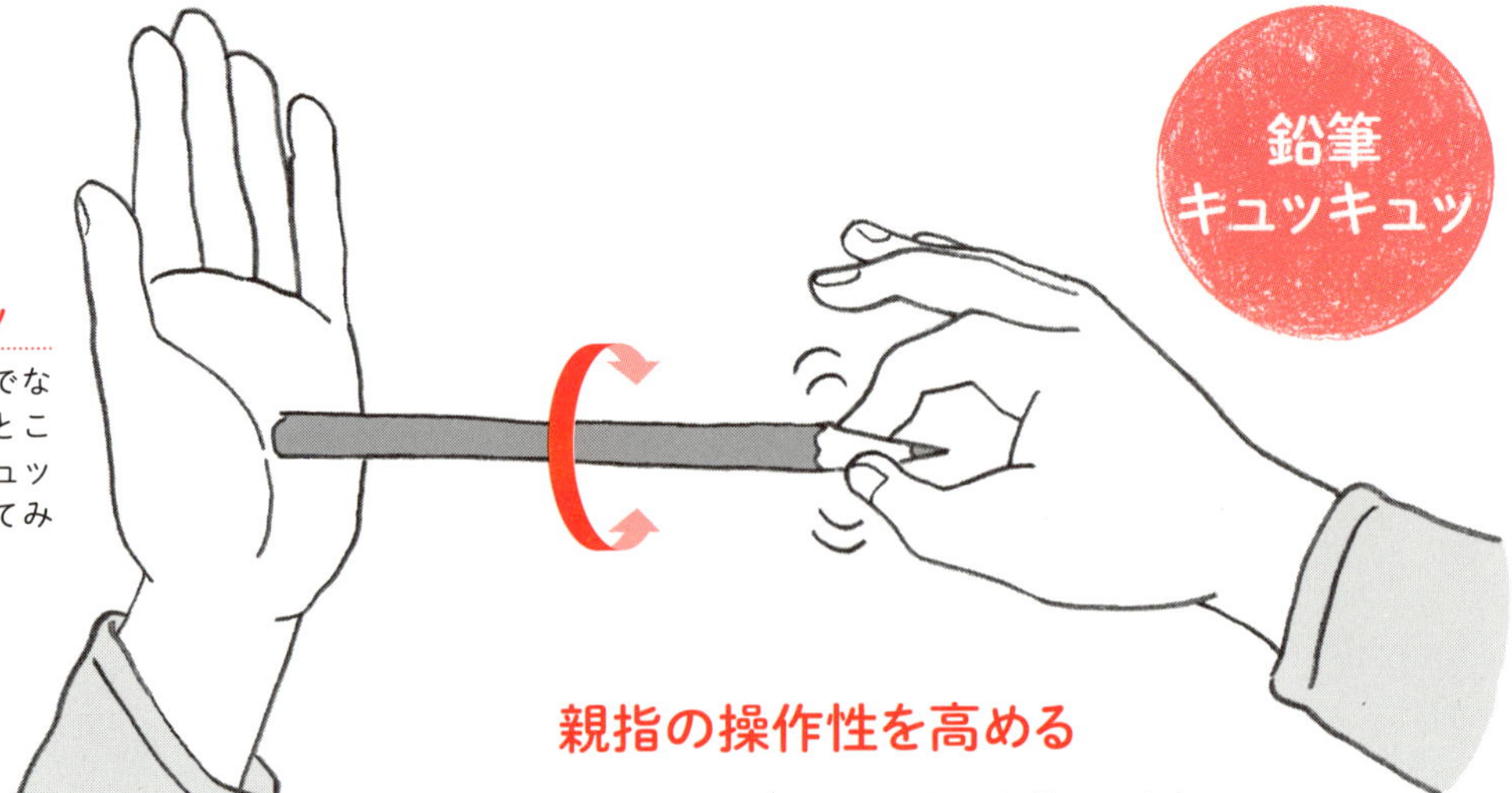

親指の操作性を高める

利き手でないほうの手のひらを開き、鉛筆の頭をあてます。利き手で、鉛筆の削り部を持ち、左右にクルクル回します。落とさないように力加減を調整しながら回します。親指で押さえる力を高めます。

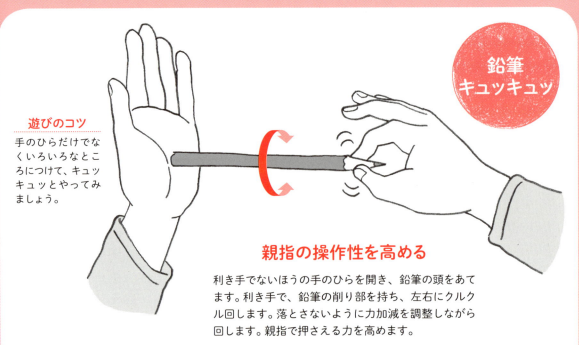

鉛筆クルクル

親指の動きを促す

鉛筆を親指と人さし指でつまみます。鉛筆を垂直に持って、落とさないように左右にクルクル回します。親指の動きを高めます。

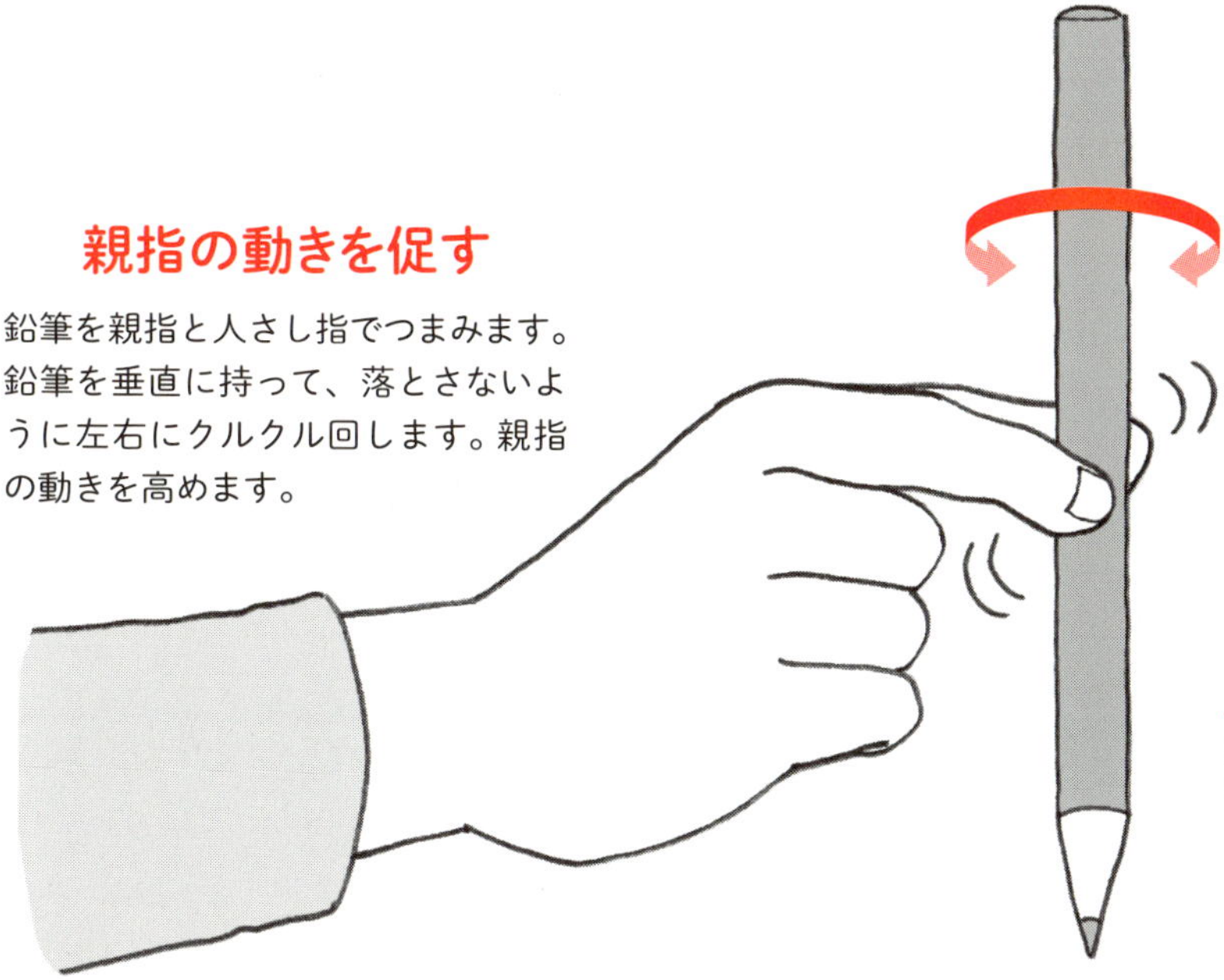

遊びのコツ

大人が見本を示し、一緒に行いましょう。

親指コロリン

親指の動きを促す

イラストのように鉛筆を持ち、親指を鉛筆につけます。親指を手前に引いたり元に戻したりして鉛筆を回転させます。親指の動きだけで鉛筆をコロコロ回転させて、親指の動きを高めます。

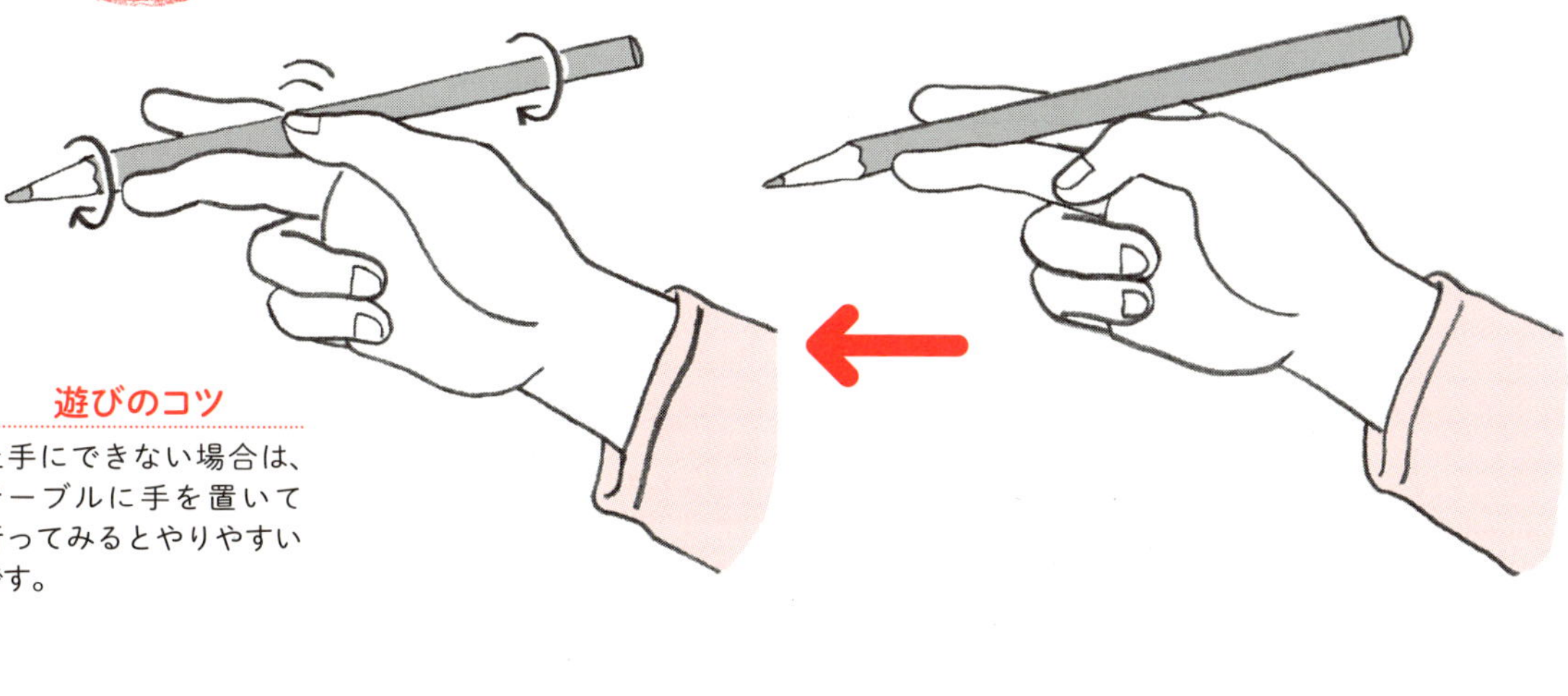

遊びのコツ

上手にできない場合は、テーブルに手を置いて行ってみるとやりやすいです。

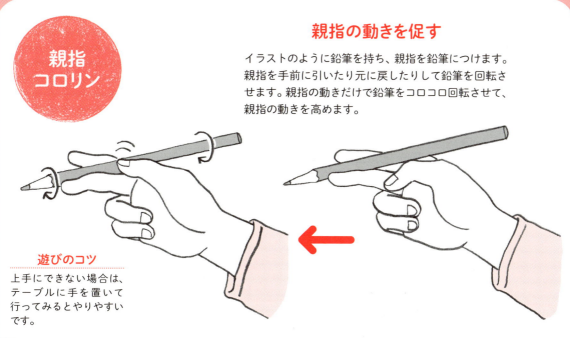

輪ゴムストッパー

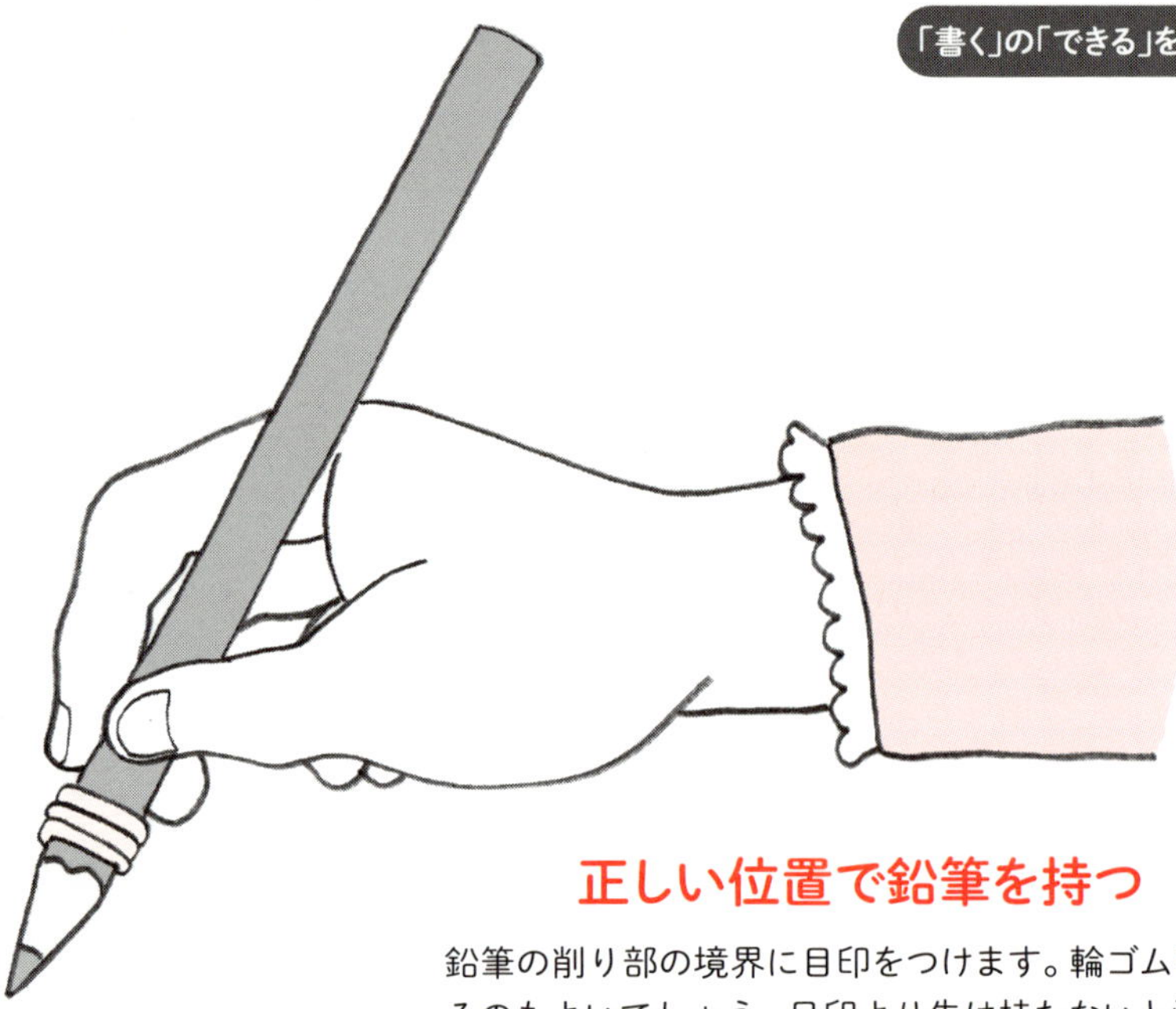

正しい位置で鉛筆を持つ

鉛筆の削り部の境界に目印をつけます。輪ゴムをつけるのもよいでしょう。目印より先は持たないと決めることで、鉛筆を先端で持つことを防ぎます。

遊びのコツ

先端を持たなくなったら、輪ゴムをとって、正しい持ち位置を確認してみましょう。

剣を作ろう

両手の指先の動きを促す

チラシなどを用意します。両手を使って、チラシをクルクルと丸めて細い棒にします。セロハンテープで留めて剣ができたら、親指と人さし指で持って左右にクルクル回してみましょう。親指の動きを高めます。

遊びのコツ

慣れてきたら、チラシをより細く丸めることにも挑戦。剣の先が目に入らないように気をつけましょう。

補助具や鉛筆の選び方

鉛筆を正しく持てるようにする、さまざまな補助具があります。まずは、補助具がずれていないか、指がフィットしているかどうかを確認しましょう。

筆圧が弱い場合は、六角形より三角形の鉛筆のほうが、力が入りやすくておすすめです。補助具をつけている場合は、補助具がずれ下がって書きにくいことがありますので、まめに修正してあげましょう。

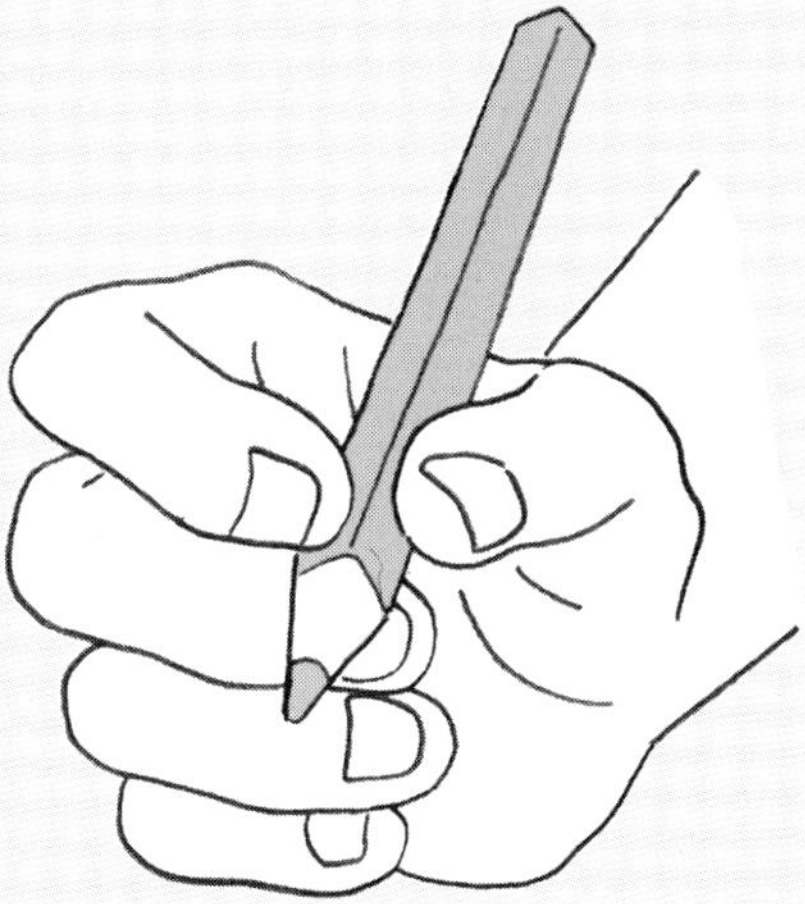

筆圧が弱い子には三角形の鉛筆がおすすめ

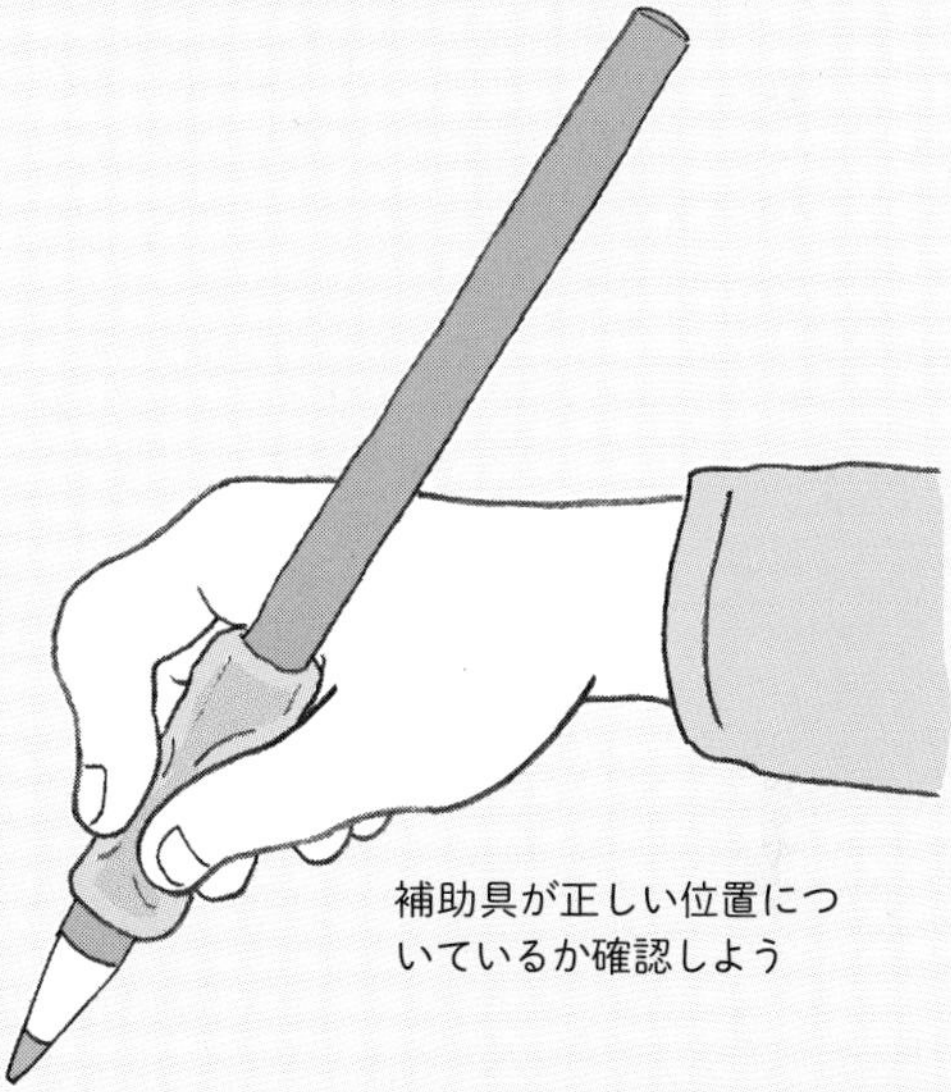

補助具が正しい位置についているか確認しよう

最近、鉛筆の補助具が数多く市販されています。たまたまお店で補助具を見つけたので、それを使用しているという話を聞きます。補助具にもさまざまなタイプがあり、その特性を十分に理解したうえで使用しないと誤使用につながります。補助具ならなんでもいいのではなく、子どもの持ち方を見て、それに見合った補助具選びをしてください。

「できる」を増やすからだ遊び

国語

ビッグエイト

→71ページ

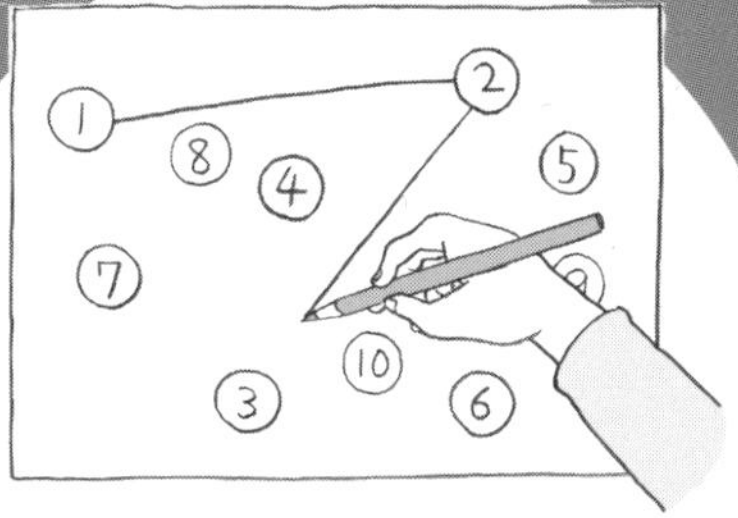

算数

数字つなげ

→78ページ

学習場面の子どもの様子で選ぶ

体育

タオル回し

84ページ

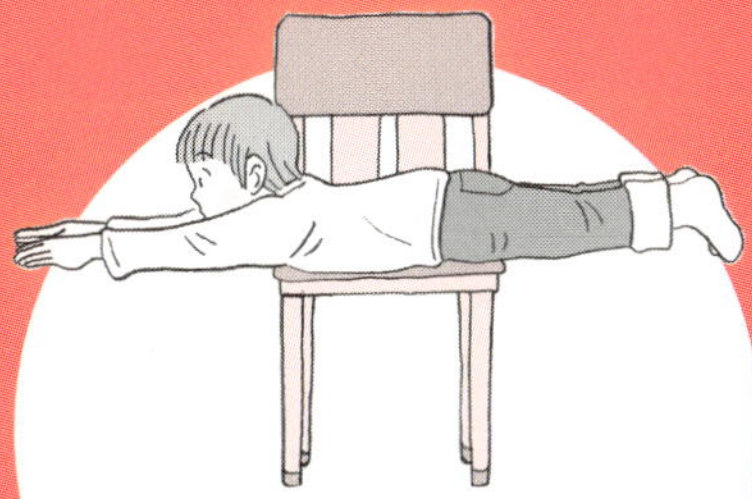

体育

エアースイスイ

83ページ

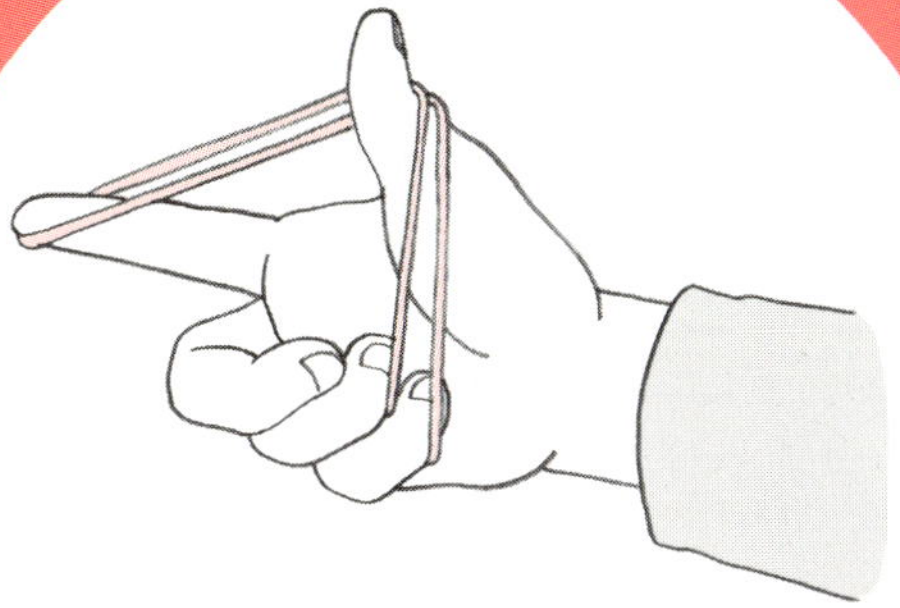

図画工作

輪ゴム鉄砲

89ページ

音楽

口まねっこ

94ページ

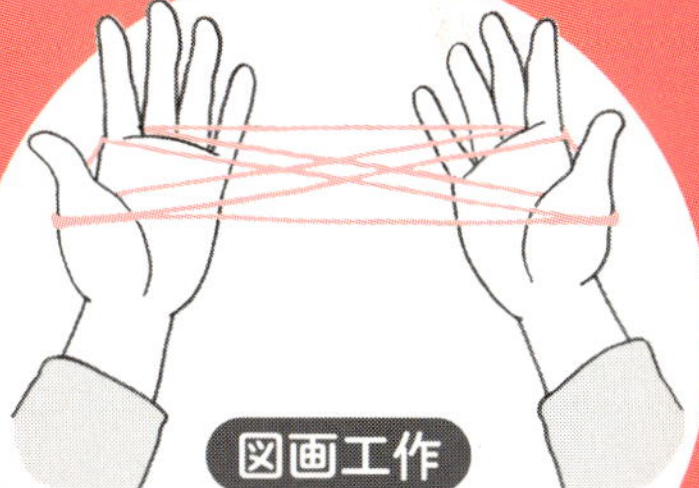

図画工作

あやとり

90ページ

教科ごとのポイントを押さえてサポート

文字が書ければいい、計算ができればいいだけでなく、各教科の授業でやることをイメージして、子どもがつまずいていることに合わせてサポートしましょう。

「小学校の勉強のイメージとは?」と聞かれたら、国語は読み書き、漢字の学習、算数は足し算の勉強などと、おおまかにイメージできますが、学年ごとの教科の内容について、はっきりと知っているお母さん、お父さんは少ないでしょう。

　お子さんの入学を控えたお母さん、お父さんの中には、「小学校に入ったら、算数でかけ算をやるし、きちんとできるかしら……」と心配に思う方もいらっしゃるでしょう。しかし、かけ算は2年生からで、1年生では習いません。ちなみに理科、社会は3年生からで、1年生の教科には含まれていません。

　また、バランスが悪く、運動が苦手なお子さんの場合、「まだ逆上がりができないけれど、体育の授業、大丈夫かな……」と心配かもしれません。しかし、本格的な逆上がりは3年生からで、1年生では、自力で逆上がりができなくても心配いりません。水泳もクロールができなくても大丈夫。クロールの学習は3年生になってからで、1年生の水泳では顔つけや水に浮くなどを学びます。

　各学年で学習内容は決められています。また、各教科で使用する学用品、運動用具も、だいたい決まっています。国語、算数、図画工作、音楽、体育などの各教科の特徴（例えば、コンパスのひねり、リコーダーの指の押さえ）に合わせて、使い方が身につくようにサポートしてあげましょう。

　入学間近なお子さんの場合は、1年生で習う国語、算数、図画工作、音楽、体育などの学習内容を確認しましょう。そして、入学後の学習についていけるように、入学までに家庭で、各課題に少しずつ取り組めばよいのです。具体的な目標が定まれば、余計な不安に駆られることがなくなります。

　入学後も、学校の授業で学ぶことを知ることによって、具体的なサポートができるようになります。進級しても、各学年で行われる学習内容を把握し、それに合う関わりができるといいですね。

コンパスの使い方が下手な子に、コンパスで何度も練習させると嫌な気分になります。おやつの時間に「ひねり遊び」(56ページ)をするなど、遊びを通して苦手な動きを「できる」にかえてあげましょう。

学校の先生とも連携していこう

子どもの苦手について、担任の先生など、学校の先生とも連携してサポートできるといいですね。家庭でどんなサポートをしたらよいか、先生と相談してみましょう。

面談時や連絡ノートで、担任の先生から「給食の時間は、食べるのが遅く、上手に食べられていません」と、学校の様子を聞かされ、「えっ、そんなはずない、家ではきちんと食べているのに」などと、疑問を感じることもあるかもしれません。

子どものことは、親は誰よりもよく知っていると思っています。しかし、学校の給食ではみんなとペースを合わせて、20分間で残さず食べ終えなければいけません。たとえ、家庭では食べることができていても、学校で限られた時間内に、上手に食べられないこともあります。

私にも、個別指導では課題がよくできていた子どもの授業の様子を観察しに行ってみると、全然できていない、ということがしばしばあります。先生が見ている学校での子どもの様子と、お母さん、お父さんが見ている家庭での様子、これらの様子はともに事実なのです。ただ、家庭でできることと、学校でできることとは、必ずしも一致しないこともあるのです。

もしこのような乖離《かいり》状況があれば、どちらが正しいかの議論ではなく、担任を非難せず、感情的にならずに、面談や連絡ノートを活用して、学校生活で似たような様子が他にも見られないか、担任と情報交換をすることをおすすめします。もし見つかれば、なにか家庭でできることはないかと、担任に相談してみましょう。その答えで、担任の考え方や子どもに接する態度がわかります。

家庭でも取り組む姿勢を担任に示していくことは、信頼獲得につながります。「家で、このようにやってみますので、学校では○○を見ていただけないでしょうか」と、協働で行っていく態度を示していけると、担任もできる限りやってみようという気持ちになります。

担任にすべてお任せするのではなく、家でもやりますという態度が必要です。

担任との連携は、結果的に子どもの自信の獲得や学習の向上につながります。連携することは大切で、上手にお付き合いしてほしいものです。

「先生、何とかして下さい」「これをやって下さい」と頼るばかりでなく、まずは家庭での取り組みについて報告。「こうするとよかったです」と具体的に方法を示すことで、学校でも何ができるか一緒に考えてもらえるようになります。

黒板を見つつ、縦書きマス目の中に時間内にきれいに文字を書く

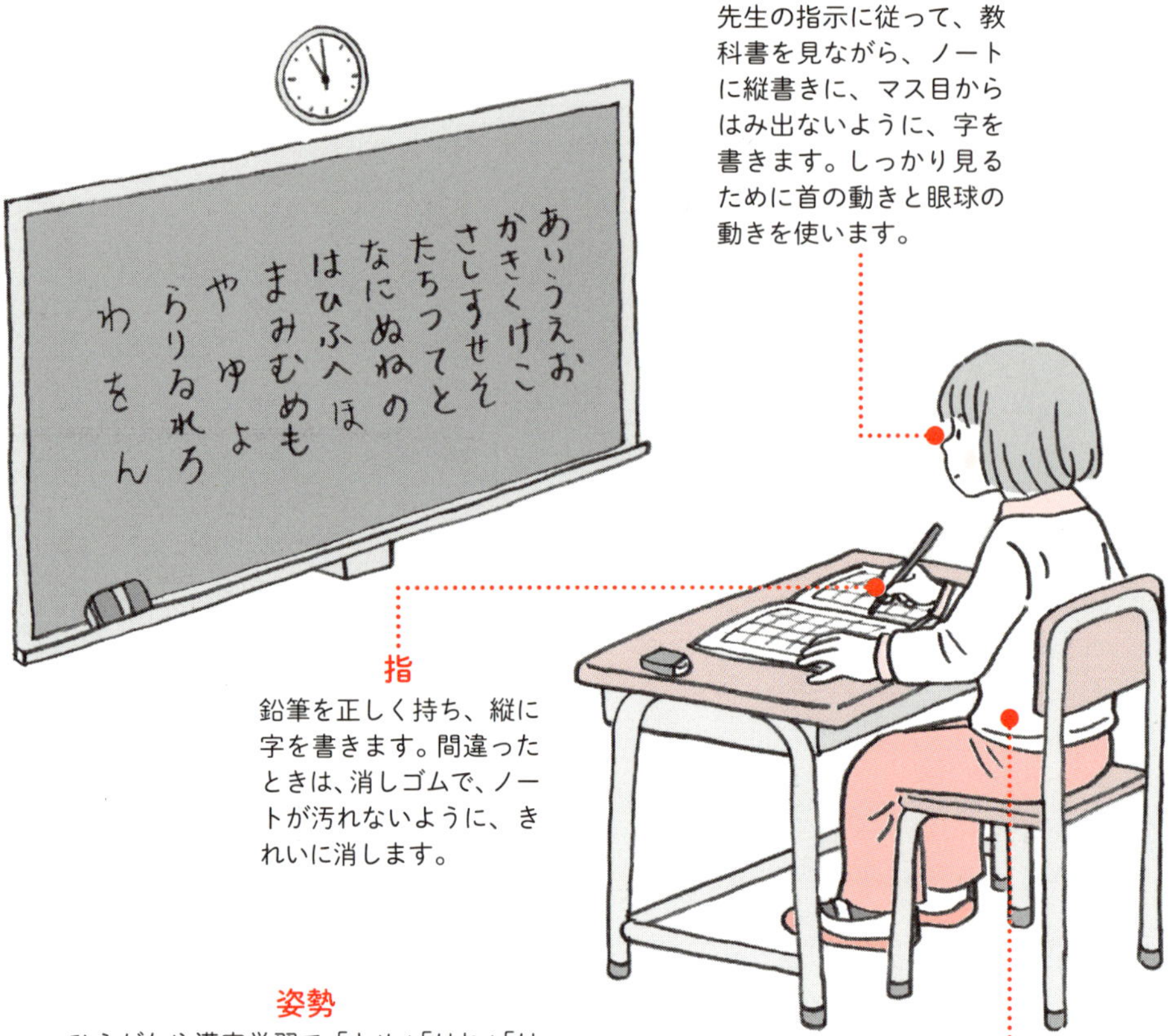

目
先生の指示に従って、教科書を見ながら、ノートに縦書きに、マス目からはみ出ないように、字を書きます。しっかり見るために首の動きと眼球の動きを使います。

指
鉛筆を正しく持ち、縦に字を書きます。間違ったときは、消しゴムで、ノートが汚れないように、きれいに消します。

姿勢
ひらがなや漢字学習で、「とめ」「はね」「はらい」などに気をつけて書くには、座り姿勢の安定が必要です。

1年生の授業は、正しい姿勢や鉛筆の持ち方などを学ぶ、鉛筆で書くことの練習からはじまります。次にひらがなの文字を学習します。縦書きのノートに1文字ずつ、「とめ」「はね」「はらい」などに気をつけて、書き順を学びます。鉛筆の持ち方によって、「とめ」「はね」「はらい」ができにくいことがあるので気をつけましょう。

書き間違ったときには、消しゴムを使用しますが、消し方が不十分だと、黒ずみや消し残しが目立って、ノートが汚くなります。すると、書く意欲が薄れて、書くことが嫌になります。

消しゴムで消すには、反対の手でノートやプリントをしっかり押さえる必要があります。鉛筆を持つ手と押さえる手、左右の手は、別の動きをしつつ協調性が求められます。

こんな様子があれば「できる」を増やす遊びをやろう

□ 細部まで注意ができない

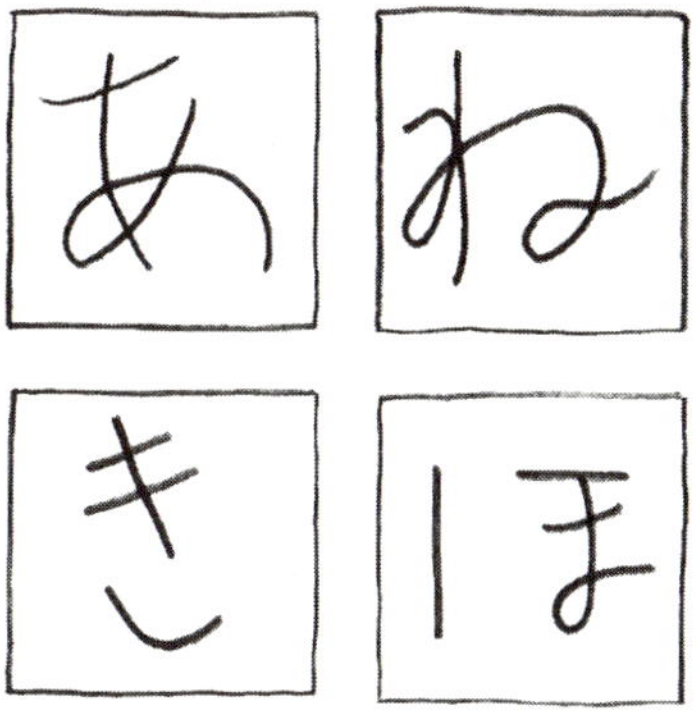

ひらがなや漢字の学習で、「とめ」「はね」「はらい」などが上手に書けない。

P71 濃さをまねよう

□ 該当する字が見つからない

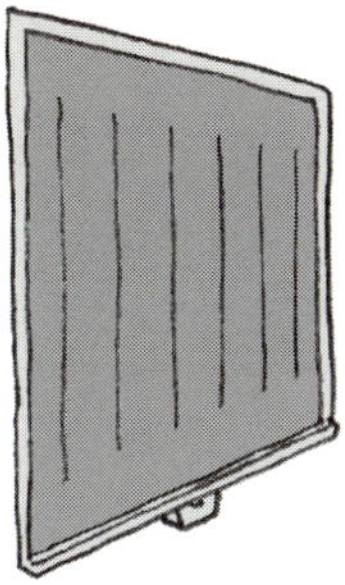

黒板に先生が板書したものや、教科書などの中から、文字を素早く探すことが苦手。

P70 それ、なあ～に?
P70 リング通し

□ 消しゴムが上手に使えない

消しゴムで消すと紙が破れたり、黒ずんだりして、きれいに消すことができない。

P72 オリから出して!
P72 L字消し

□ 漢字の偏とつくりのバランスが悪い

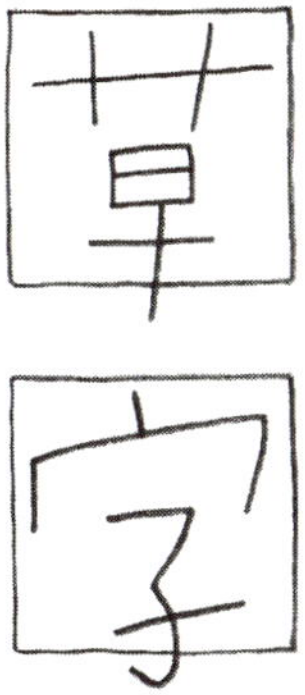

マス目の枠から漢字がはみ出たり、偏とつくりなど、字体構成のバランスが悪い。

P71 ビッグエイト

□ 文字の中の斜め線が苦手

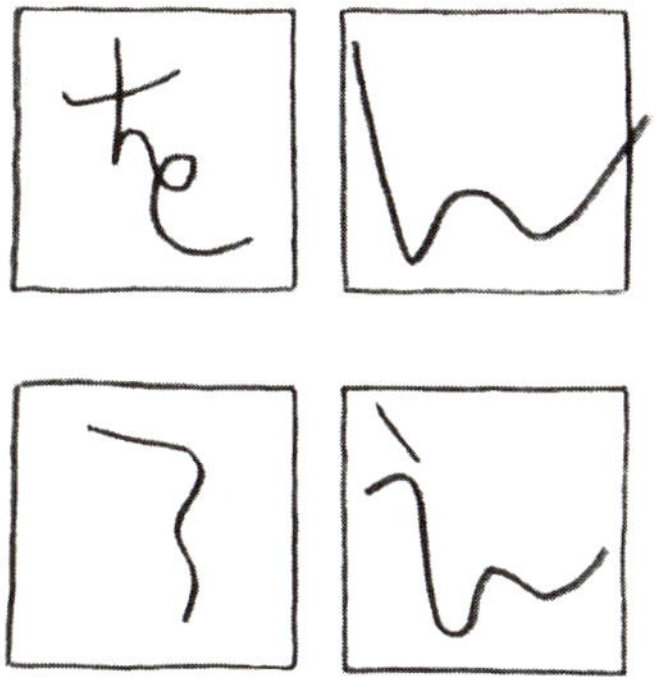

「え」「を」「ん」「ミ」などの斜めの線が上手に書けず、文字のバランスがおかしい。

P71 ビッグエイト
P73 斜めマスの活用

それ、なあ〜に?

人が指さした先を見る共同注意を促す

壁にかかった時計など、室内にあるものを指でさして見せます。そして、大人の指先の延長にあるものをあてます。指さすのは、壁にかけてあるものでも置き物でもなんでもいいでしょう。指をさしている人の目線から、そのものを一緒に見る（共同注意）練習になります。

遊びのコツ

大きめの見つけやすいものからはじめましょう。

リング通し

両目で見る両眼視機能を高める

両手にリングを持ちます。両ひじは伸ばします。大人は、片方の腕を伸ばしたままにします。子どもに、大人の腕にリングを通すように促します。左右の2つの目で見ているか確認しましょう。リングの中から両目で見続けながら、腕に近づいていくことで、見る力が高まります。

遊びのコツ

腕が曲がって、リングを顔に近づけて見ていないか確認しましょう。リングは、いらない紙を輪にしてもいいでしょう。

ビッグエイト

目と手を協調して動かす力がつく

大人が紙に描いた大きな８の字を、その線に沿ってなぞっていきます。手が浮かないように、また雑にならないように、ゆっくりと同じスピードで描くように促します。体幹と腕を協調して動かす練習になり、手指の力加減が身につきます。

遊びのコツ

はじめは、大人が８の字を描いてあげて、なぞることから行いましょう。

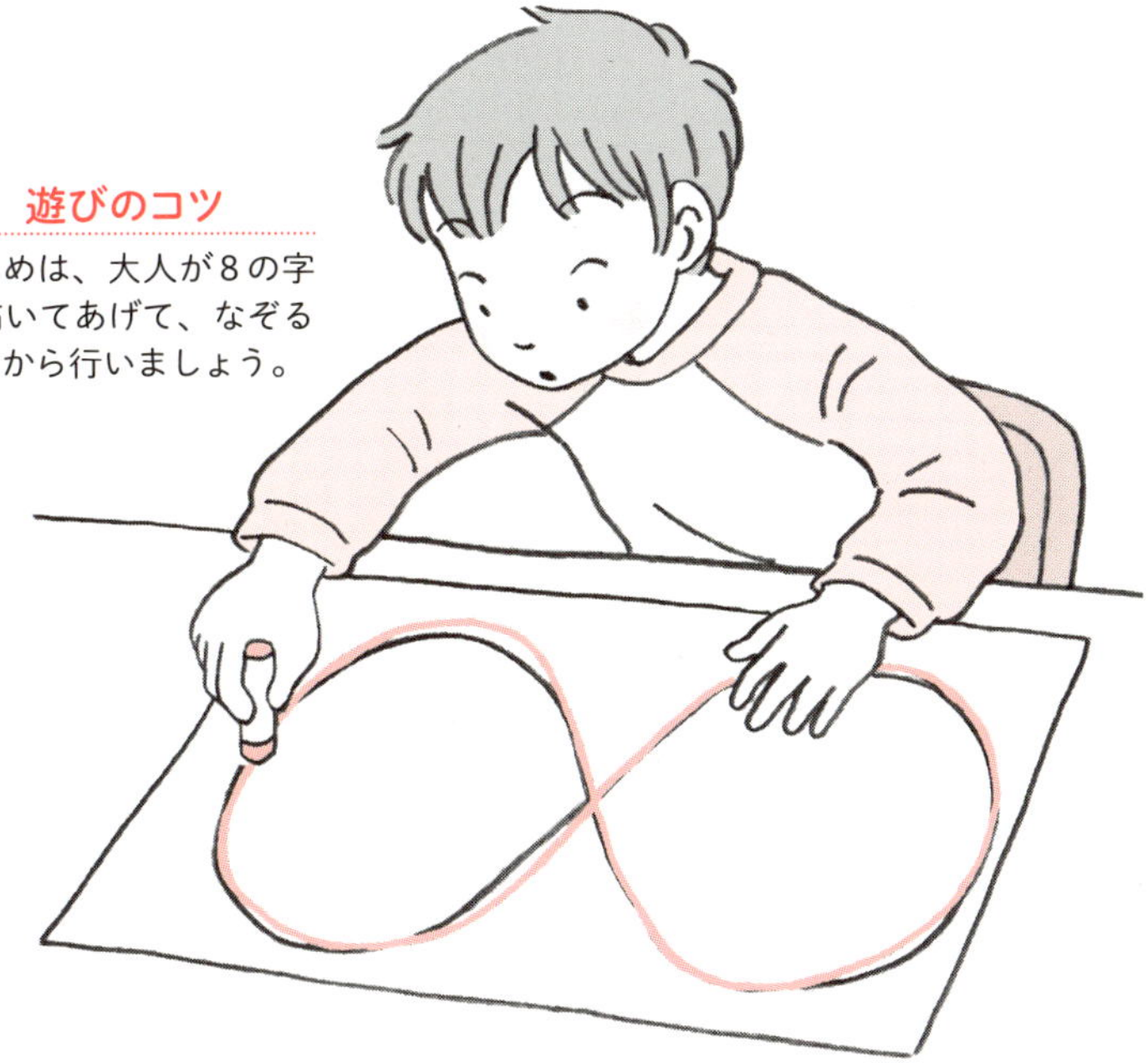

濃さをまねよう

ほどよい筆圧を知る

濃さが異なる見本の線を書きます。そのとなりに、同じ濃さになるように線を書きます。筆圧が強すぎたり、弱すぎたりする子が、読みやすい濃さで書くには、どれくらいの力加減で書けばよいかがわかります。

普段の筆圧と程よい筆圧の、それぞれの重さをはかりで計ってみると、よりわかりやすいでしょう。

遊びのコツ

とても濃い線を書いてから、徐々に薄い線を書くと力の抜き方のコツがつかめてきます。

オリから出して!

紙を押さえる力が身につく

白紙にボールペンで動物の絵を描きます。その上に鉛筆で格子のオリを描きます。子どもはオリを消しゴムで消し、中の動物を助け出します。紙を押さえる手指がL字（下図参照）になっているか確認しましょう。紙が動かないように押さえる力が身につきます。

遊びのコツ

「さあ、何が出てくるかな？」と興味を駆り立てましょう。

L字消し

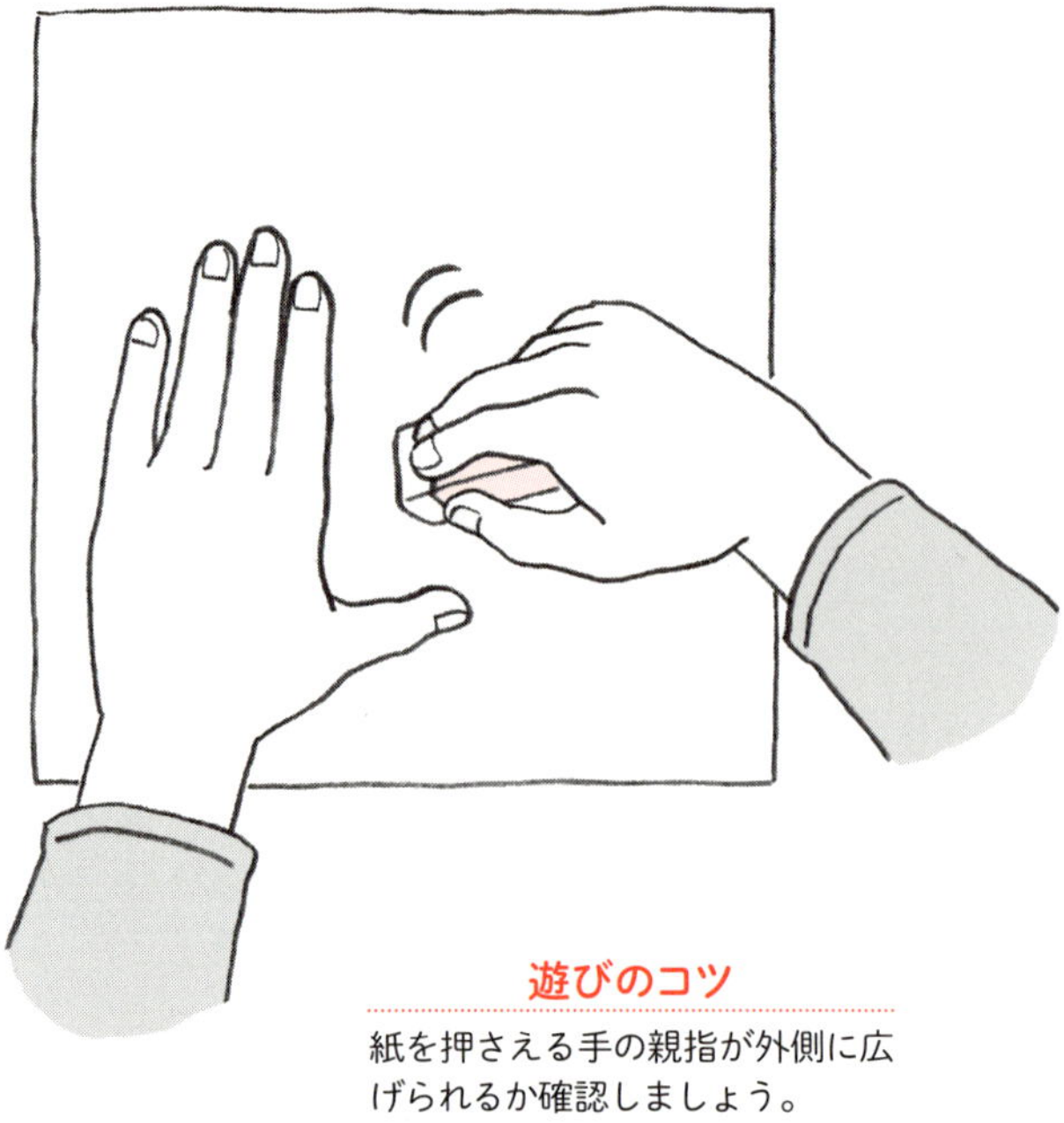

押さえた指の間で消す習慣をつける

紙を押さえる手は、親指を外側に広げ、手のひら全体で押さえます。人さし指と親指の間のスペース内で、消しゴムを動かし、消すようにします。上下に消しゴムを動かすと紙が破けやすいので、やや斜め向きに動かしましょう。紙を押さえる力が身につきます。

遊びのコツ

紙を押さえる手の親指が外側に広げられるか確認しましょう。

斜めマスの活用

「い」「え」「き」「を」「ん」など、ひらがなには斜めに書く線が意外に多いのですが、それを斜めに書けないために、文字のバランスが悪い子が多いのです。

そこで、正方形のマス目に、斜め線を引き、苦手な文字を赤字で書いてあげましょう。子どもはその線をなぞります。くせ字を修正するのに役立ちます。

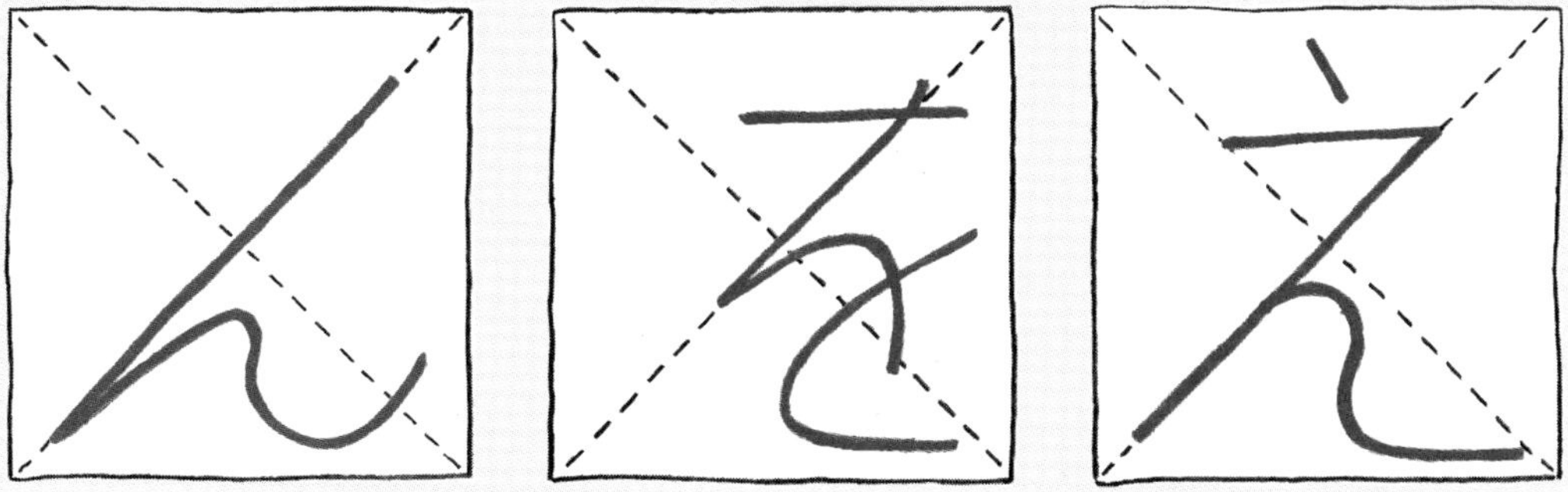

くせ字を直すコツ

斜めの線が苦手な子は、従来の十字の線が入ったマスでなく、対角線を使った斜めマスで練習するといいでしょう。大きめのマスから練習をはじめ、少しずつ小さいマスにしていきます。

98ページに斜めマスページを設けました。コピーなどして活用してください。

算数

きちんと置く・並べる・速く塗るができないと算数嫌いな子になる

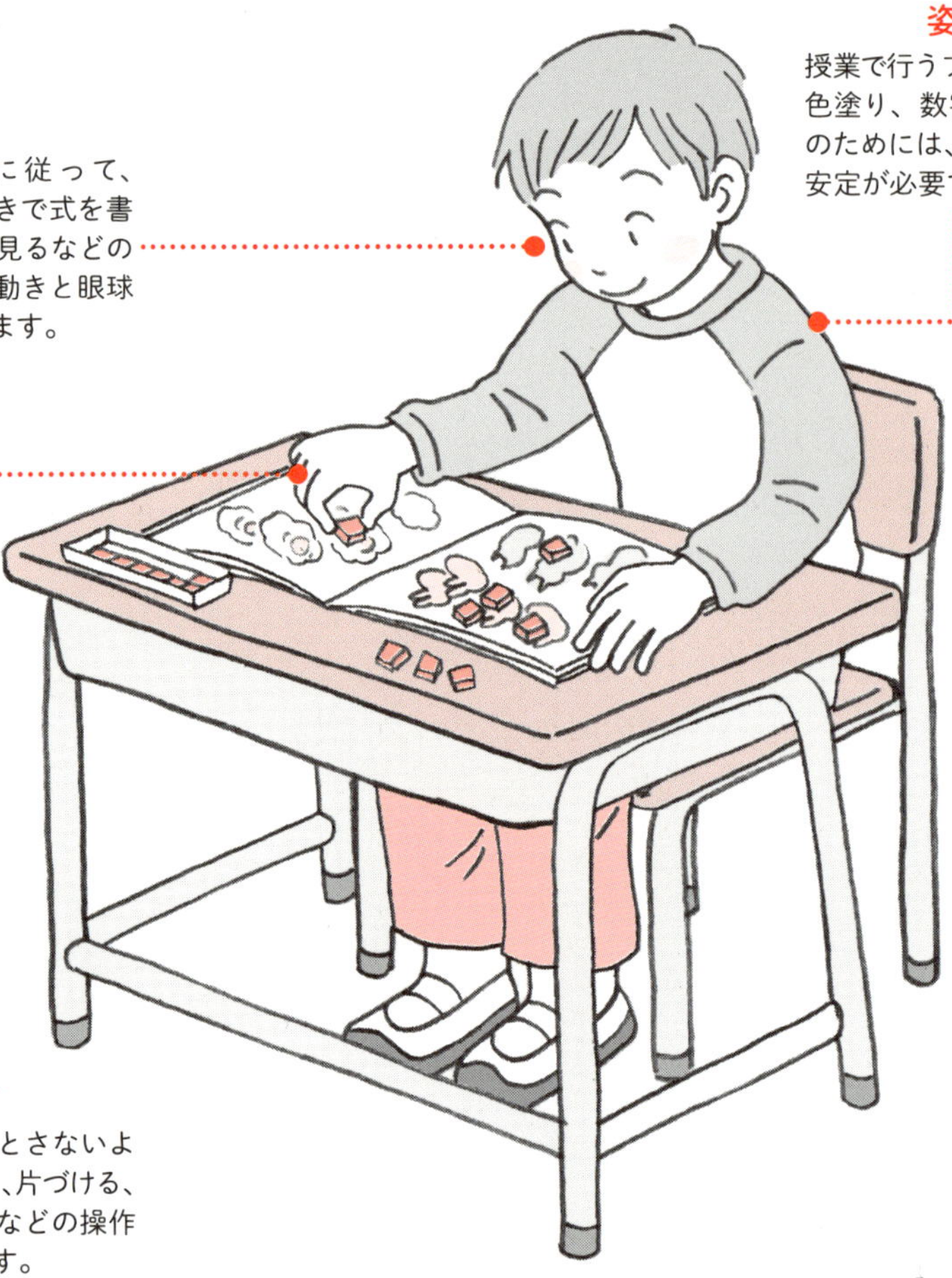

目
先生の指示に従って、ノートに横書きで式を書く、教科書を見るなどのために、首の動きと眼球の動きを使います。

姿勢
授業で行うブロック並べ、色塗り、数字を書くなどのためには、座位姿勢の安定が必要です。

指
ブロックを落とさないように持つ、置く、片づける、色を速く塗るなどの操作が求められます。

算数と聞くと、足し算やかけ算などの計算が思い浮かびます。しかし、入学後すぐに計算はしません。1年生の算数の授業は、算数ブロックなどを並べて、数えることからはじまります。また、赤鉛筆で丸枠を塗ってその数を数えたり、同じものを線で結んだり、線で囲むなどして数字に慣れていきます。その後、足し算、引き算を学びます。

算数ノートは、国語と違って、横書きです。先生の指示に従って、遅れないように、ブロック、鉛筆、色鉛筆などを指先で素早く操作することが求められます。

このような動作のためには、座位姿勢の保持や見る力が必須になります。指先が不器用だと、学用品を落としたり、書くのが雑になったり、先生の指示を聞き漏らして、学習の遅れにつながります。

こんな様子があれば「できる」を増やす遊びをやろう

□ 枠の中をきれいに塗りつぶせない

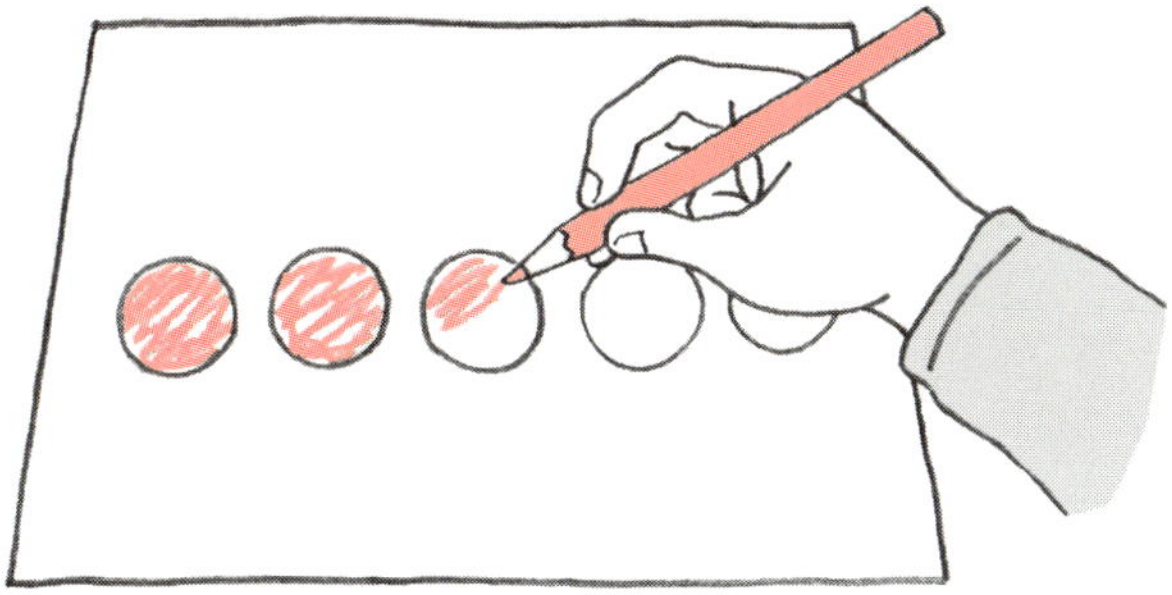

丸枠の中を、時間内にきれいに塗れない。みんなが終わっているのにまだできなくて遅れる。

P77 なぞってみよう　P78 ぶどうを作ろう

□ 算数ブロックを上手に置けない

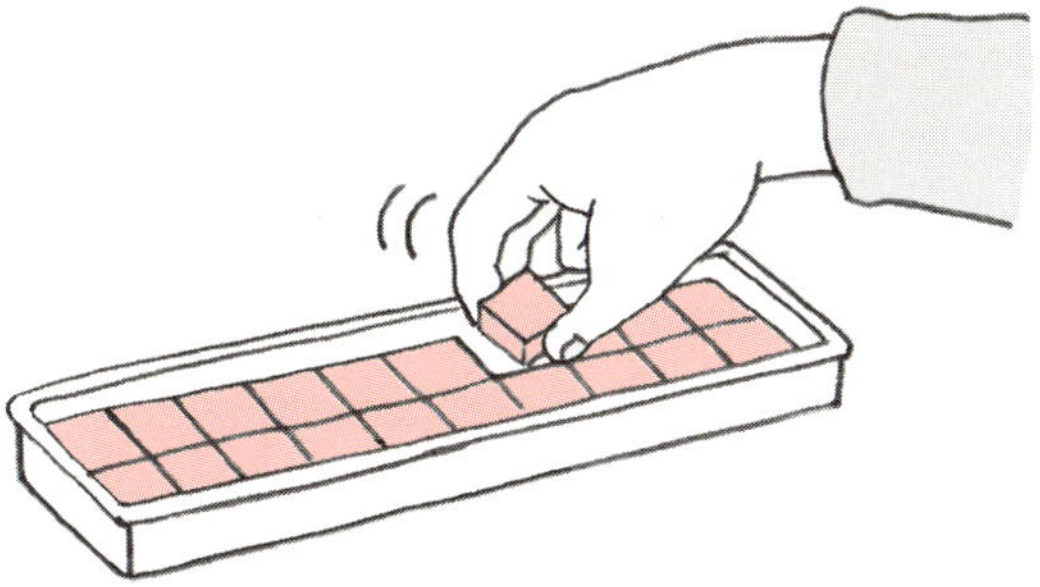

算数ブロックを印の位置に正しく置けない。下に落としたりして、ケースにしまうときに時間がかかる。

P76 ふたピラミッド　P76 コイン並べ

□ マス目の数を数えられない

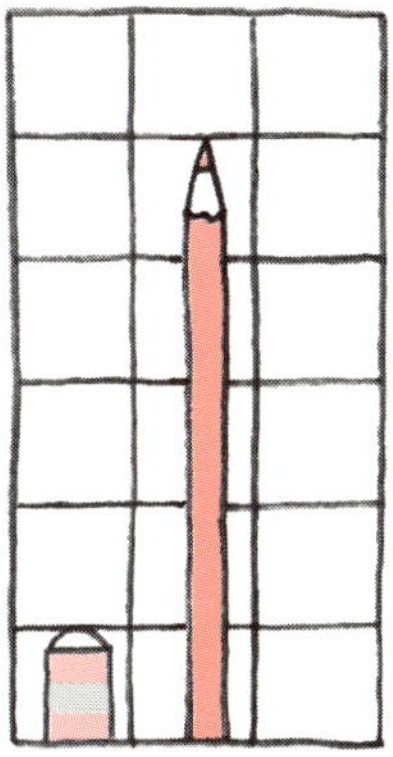

マス目を数えると、飛ばしたり、位置がずれるなどして、間違える。

P76 コイン並べ
P78 数字つなげ

□ 三角形などの図形が苦手

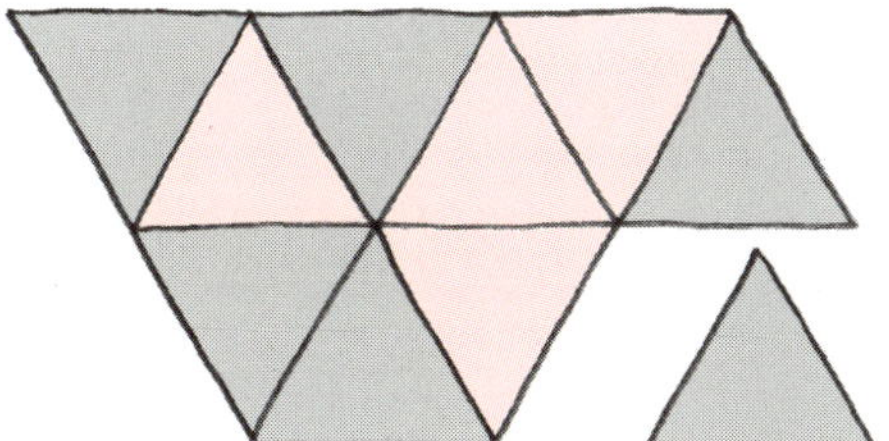

三角形などの図形の形の認知が苦手で、三角形がいくつあるかなどを読み取れない。

P78 数字つなげ

□ 数字が汚くて読み間違う

6、8、9、0の数字の字形がくせ字になり、練習しても直らない。

P77 なぞってみよう
P79 斜めマスの活用

ふた
ピラミッド

手指の器用さを育てる

ペットボトルのキャップを10個くらい用意します。ピラミッドに見立て、横に並べたキャップの上に、次のキャップを落とさないように乗せていきます。手元をよく見て、乱雑にならないように、丁寧に指先を動かすことで、手指の器用さが育ちます。

遊びのコツ

1個ずつ乗せて何個積めるか、高さを競っても面白いでしょう。

コイン並べ

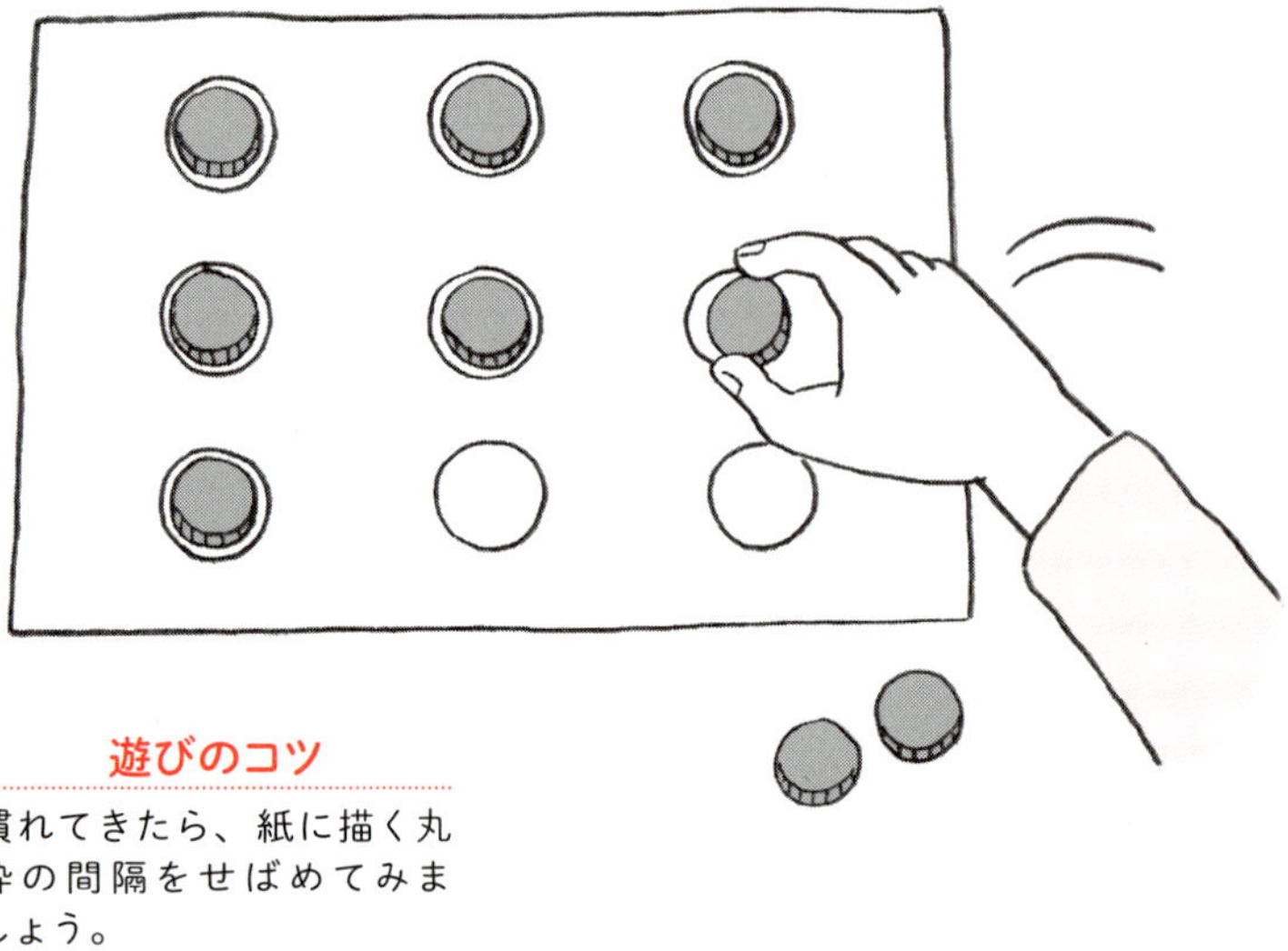

目と手を協調させる力がつく

丸枠が描かれた紙を用意します。丸枠の位置に合わせて、コインを並べます。ずれていたら声をかけて働きかけましょう。目で見た位置に、手指を動かし作業をする、手指の器用さが育ちます。

遊びのコツ

慣れてきたら、紙に描く丸枠の間隔をせばめてみましょう。

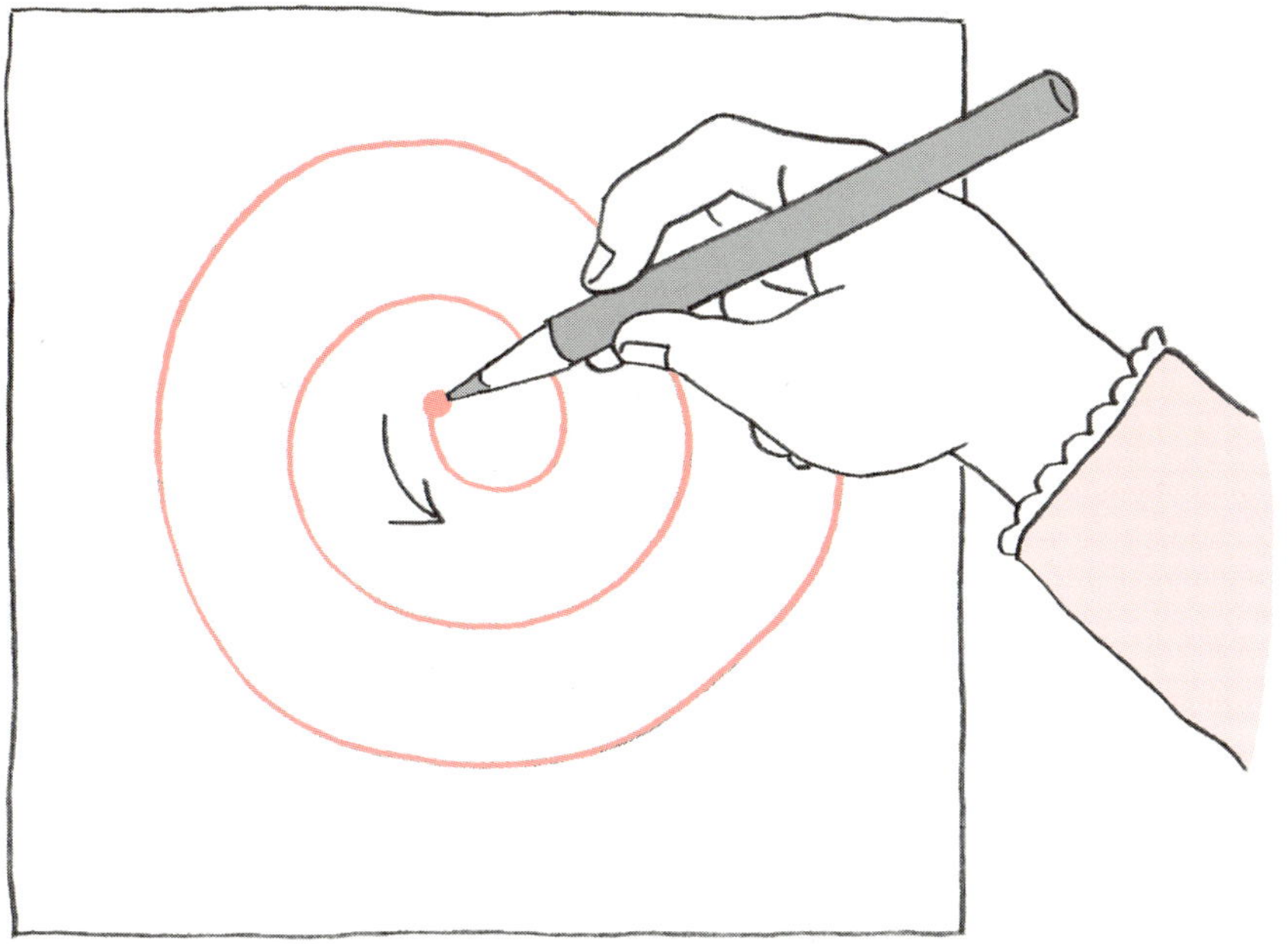

なぞってみよう

丸がスムーズに描けるようになる

大人がらせんの曲線や、なると状の円形の図を赤鉛筆などで描きます。赤線からはみ出ないように、子どもになぞらせます。0、6、9など、丸を含む数字の字形を書く力を高めます。

遊びのコツ

コイル線を描いたり、もじゃもじゃ頭や、羊のツノなど、キャラクターに見立てて絵を描いてみると面白いでしょう。

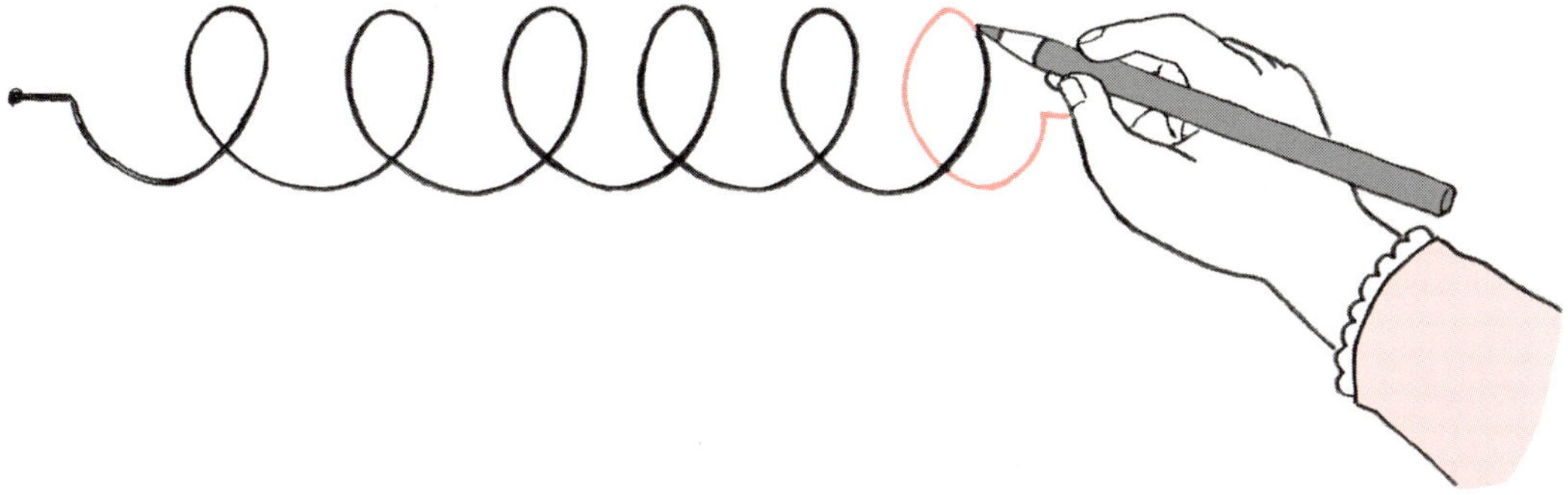

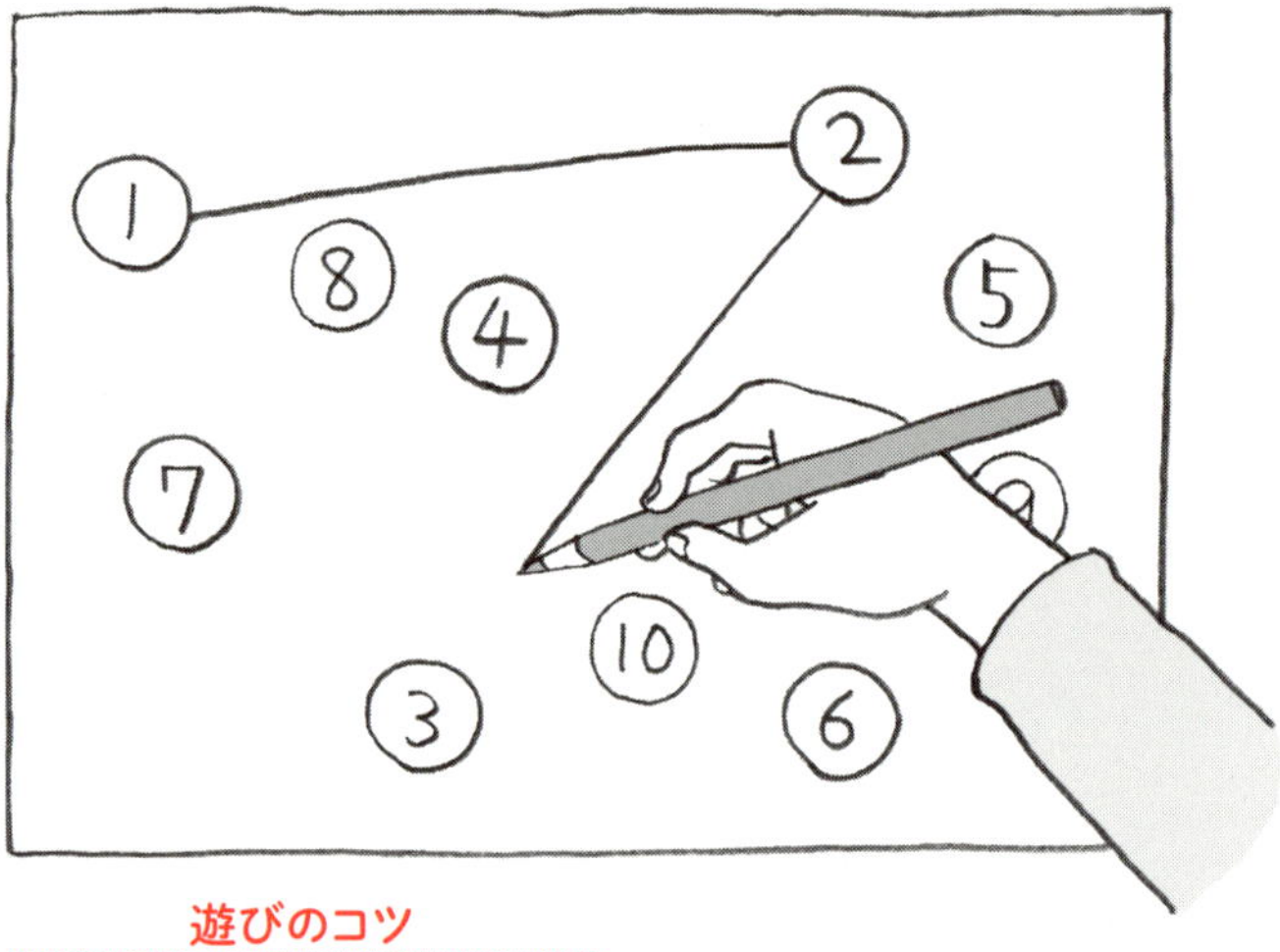

数字つなげ

紙全体を見る力を育てる

白紙の紙に、1から10までランダムに数字を書きます。1から順番に2、3と、10まで、鉛筆で数字を線で結んでいきます。目を動かして、紙全体を見て、同時に手も連動して動かす力を育てます。

遊びのコツ

慣れてきたら数を増やしていきましょう。雑にならないように、1つ1つしっかり結ぶことを心がけましょう。

ぶどうを作ろう

丁寧な塗り方を身につける

ぶどうの絵を描きます。好きな色で、○を塗っていきましょう。慣れてきたら、速く塗ることにチャレンジしてみましょう。○からはみ出さないように、上手に塗る鉛筆の使い方が身につきます。

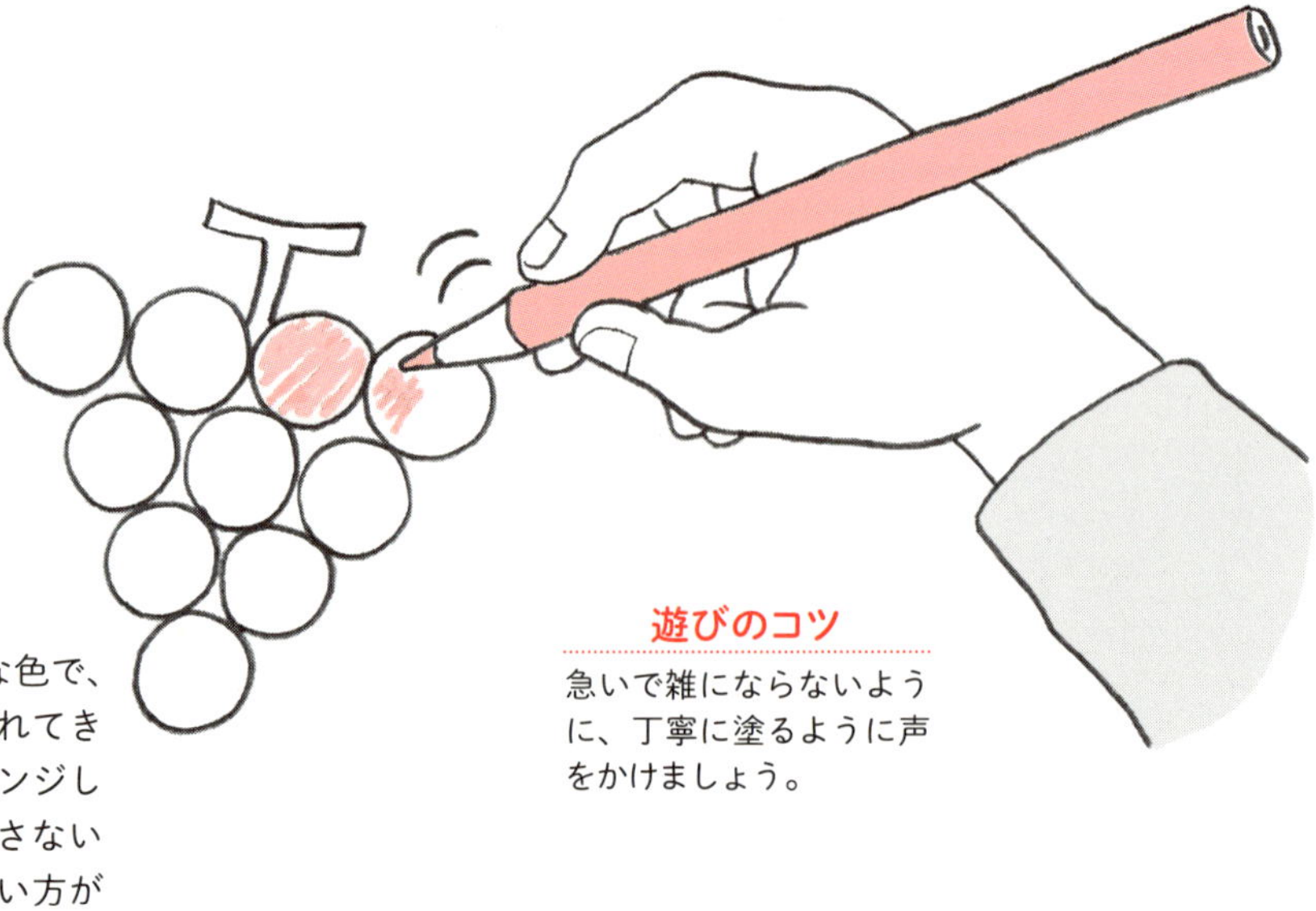

遊びのコツ

急いで雑にならないように、丁寧に塗るように声をかけましょう。

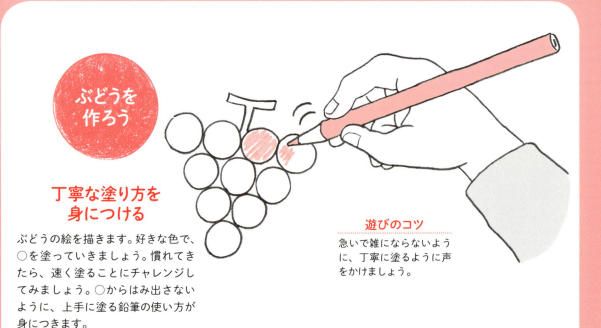

斜めマスの活用

ひらがなと同様に、数字にも斜め線がたくさん出てきます。6、7、8、9などは、斜め線を上手に書けないと、字体のバランスが悪くなり、あとで読み返すときに読み間違いが多くなります。その結果、計算間違いにもつながります。そこで、斜めマスに赤字で見本を書き、子どもはその線をなぞります。くせ字を直すのに役立ちます。

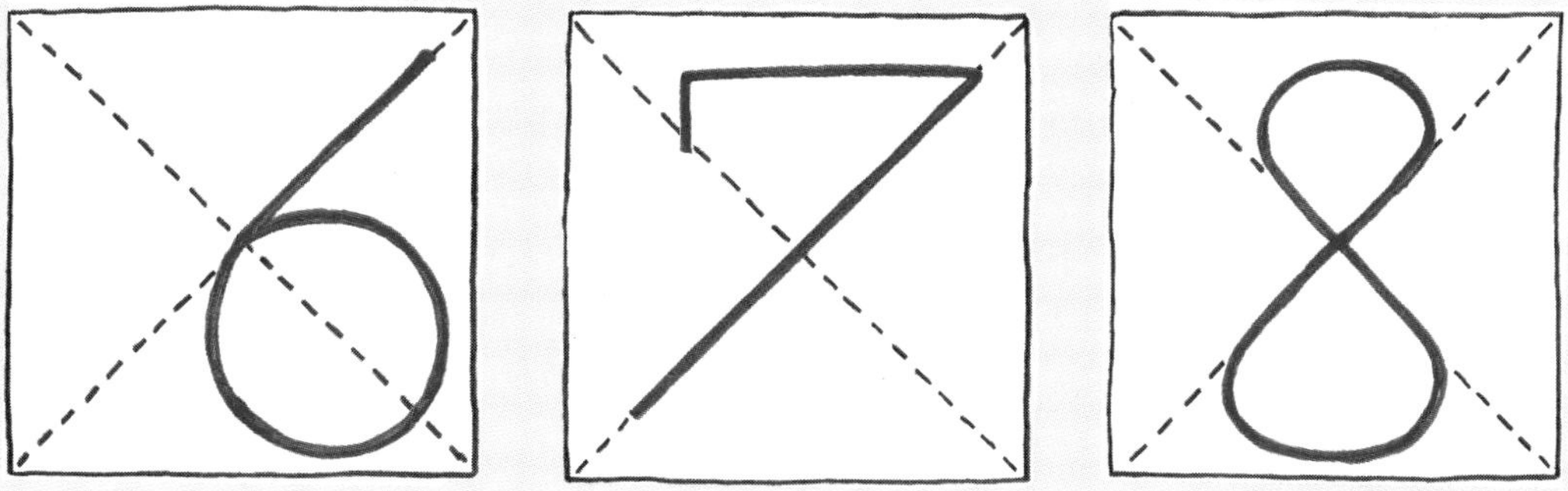

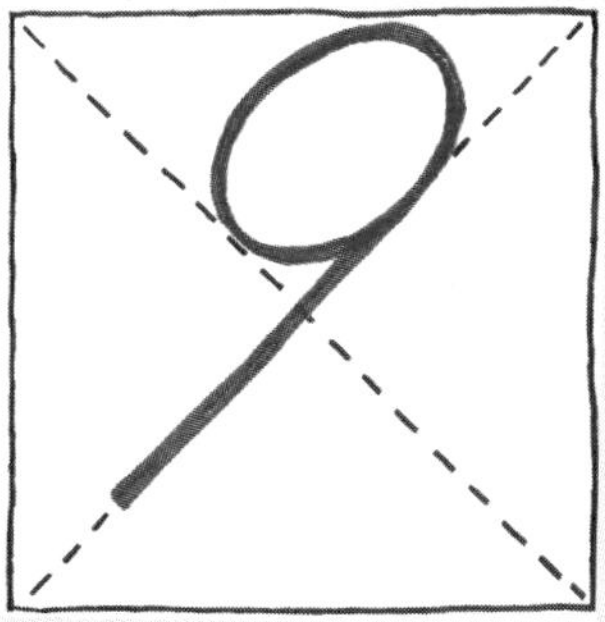

くせ字を直すコツ

斜めの線が苦手な子は、従来の十字の線が入ったマスでなく、対角線を使った斜めマスで練習するといいでしょう。大きめのマスから練習をはじめ、少しずつ小さいマスにしていきます。

98ページに斜めマスページを設けました。コピーなどして活用してください。

速く走るためには、脚力だけでなく体幹の固定力と腕の振りが必要

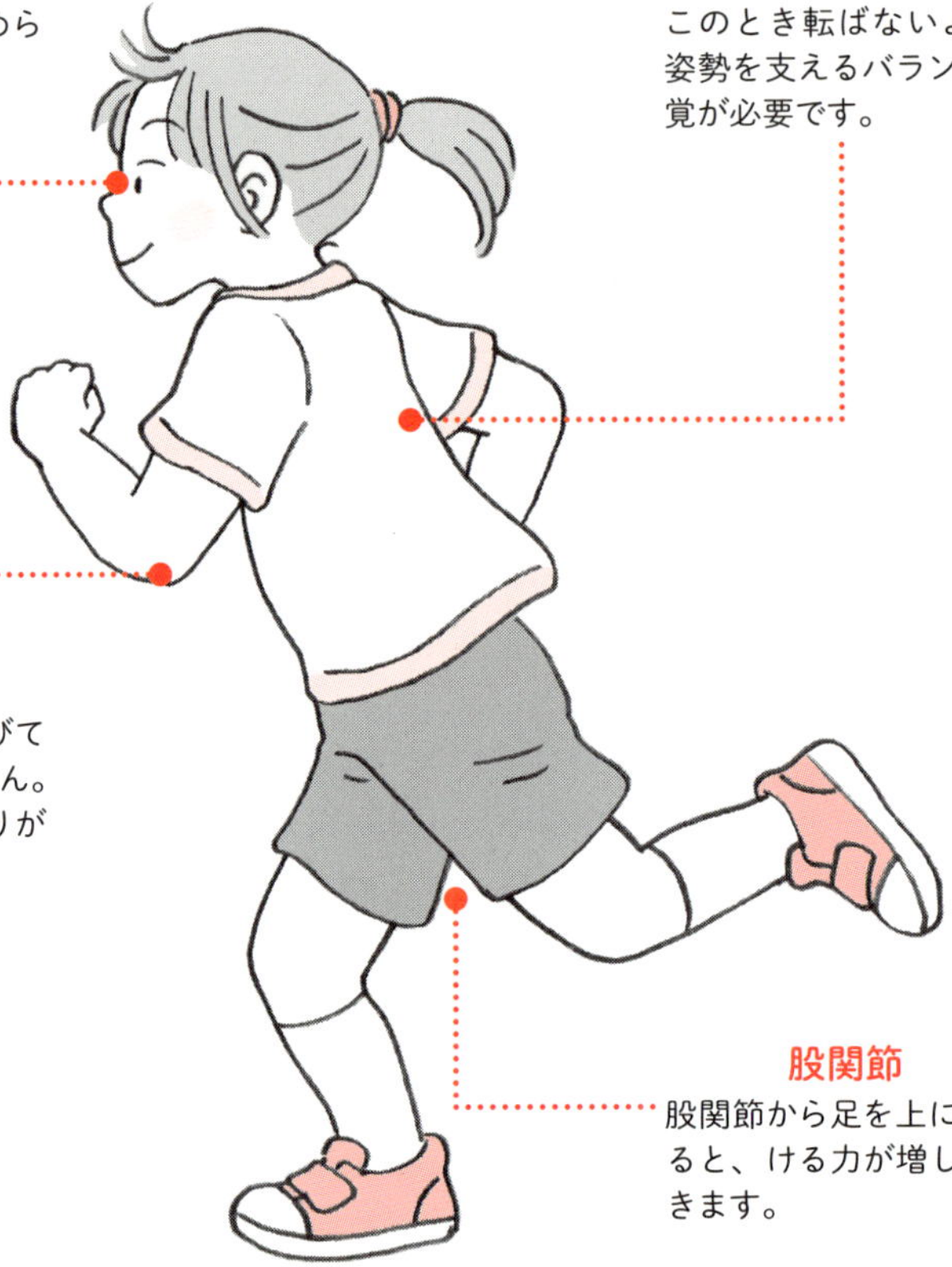
目
手足を動かしながら、到達地点を見て、距離感をとって走ることが求められます。
体
体幹が前かがみ姿勢となり、推進力が増します。このとき転ばないよう、姿勢を支えるバランス感覚が必要です。
ひじ
走るときにひじが伸びていたら速く走れません。ひじを曲げての腕振りが必要です。
股関節
股関節から足を上に上げると、ける力が増していきます。

運動は本人もできないと気づきますが、他人にもすぐわかります。小学校では、毎年体力テストを行います。体力テストの50メートル走では、50メートルを何秒で走れるか、記録をとります。

上手に走るためには、走り方を覚えるだけでなく、前方をよく見ながら、腕を振って、前かがみで足を交互にけり出します。加速させるためには、体幹が前かがみになりますが、上手に走れないと、つまずいて転倒し、けがにつながります。

転ばずに速く走るには、足の筋力も必要ですが、加速した体が倒れないように、姿勢を調整するバランス感覚や、視覚の果たす役割が大きいのです。

体育では、ほかにも鉄棒やマット運動などがありますが、いずれもどこが苦手でつまずいているのかをよく見てあげましょう。

こんな様子があれば「できる」を増やす遊びをやろう

□ 鉄棒で前回りができない

鉄棒に上がれなかったり、上がっても体を支えられず、前回りができない。

➡ P83 ゆりかご　➡ P85 つま先ジャンプ

□ 速く走れない

体幹が前傾にならず起きていて、腕が伸びたままで、速く走れない。

➡ P82 機関車出発ゴー!
➡ P85 つま先ジャンプ

□ なわ跳びができない

なわを回すと、足や体が引っかかり、タイミングが合わなくて跳ぶことができない。

➡ P84 タオル回し
➡ P85 つま先ジャンプ

□ プールで蹴伸びができない

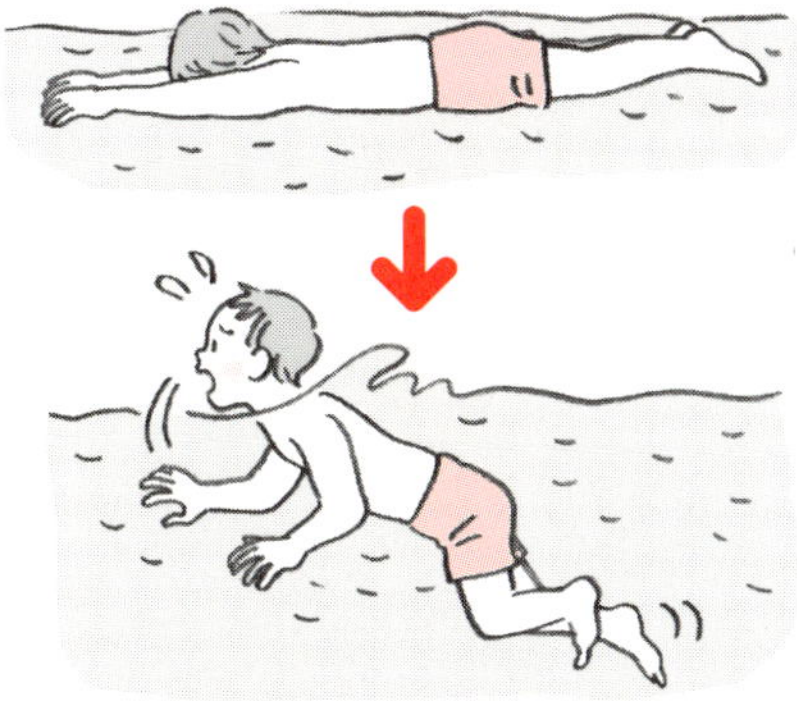

水中で体が浮くと怖がって、すぐに立ってしまって浮くことができない。

➡ P83 エアースイスイ

□ マット運動で前転ができない

腕で自分の体を支えられず、頭がマットにつき、腰が落ちて、前転ができない。

➡ P82 かえるジャンプ
➡ P83 ゆりかご

機関車出発ゴー！

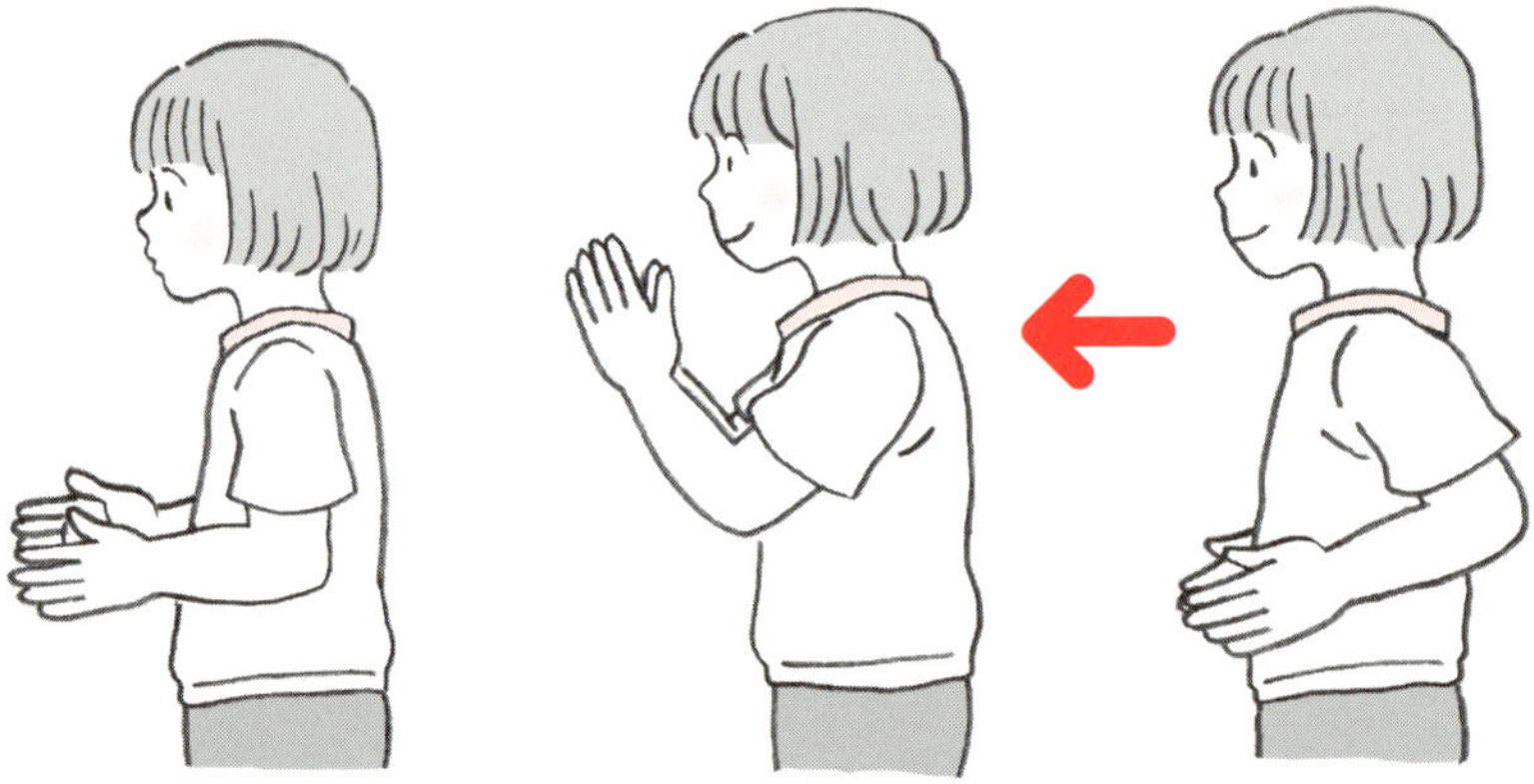

悪い例　　良い例

走るときの腕の振り方が身につく

立ってひじを曲げ、イラストのように腕を前後方向に動かします。ひじを後ろに引くときに、ひじが背中側に出るまで動かすように促します。「シュッ、シュッ、ポッ、ポッ」と、蒸気機関車に見立てて遊びましょう。走るときの腕の振り方が身につきます。

遊びのコツ

ひじを体幹の後ろまで動かしているか確認しましょう。できないときは、腕を持ってサポートしてあげましょう。

かえるジャンプ

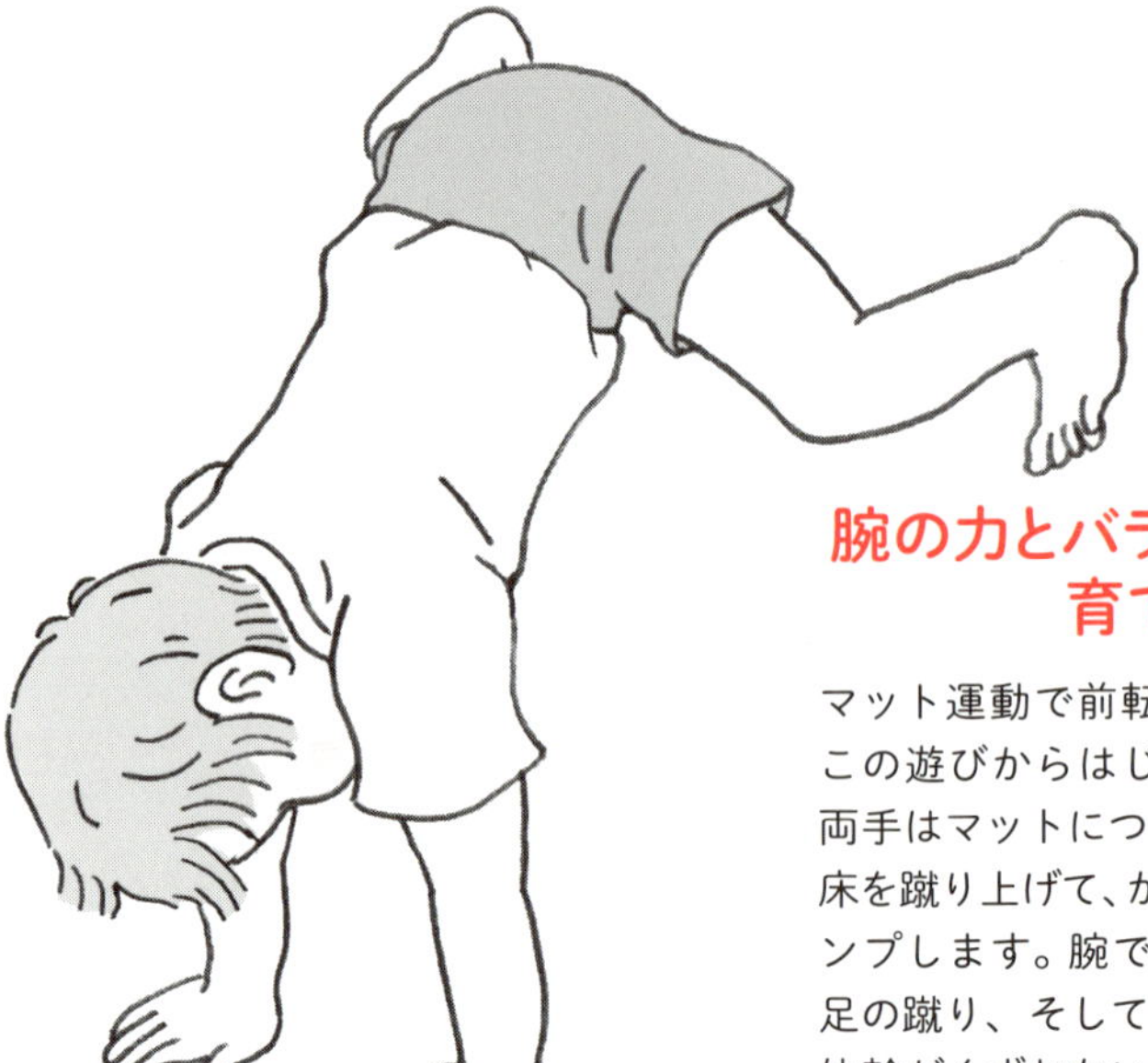

腕の力とバランス感覚を育てる

マット運動で前転ができない子は、この遊びからはじめてみましょう。両手はマットにつけたまま、両足で床を蹴り上げて、かえるのようにジャンプします。腕で体を支える力と、足の蹴り、そして体が浮いたときに体幹がくずれないためのバランス感覚を高めます。

遊びのコツ

ジャンプするとき、手が床から離れないように気をつけます。足を曲げてできるようになったら、けり上げたあとに開脚してみましょう。

ゆりかご

屈曲姿勢を保ち左右均等に力を入れる

床に仰向けになり、両腕で両ひざを抱きかかえます。たまご形になり、前後にユラユラ揺らして、反動をつけて起き上がるようにします。マット運動や鉄棒で前回りが苦手な子が、左右均等に力を入れることを学びます。起き上がるときに、首が後方に倒れないようにしましょう。

遊びのコツ

あごが上がって頭が後ろに下がると起き上がれないので、あごを引いているか確認しましょう。

エアースイスイ

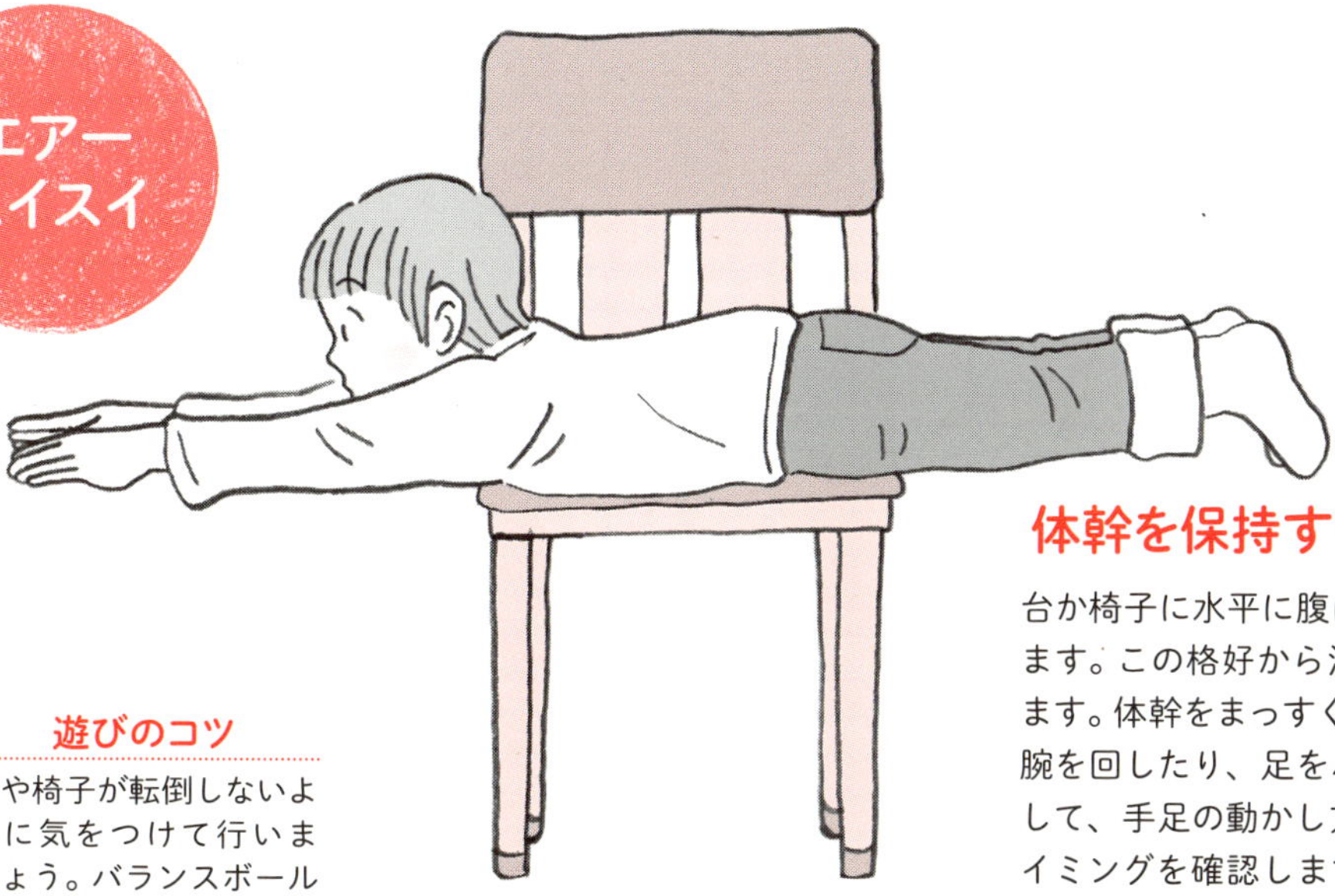

体幹を保持する力を養う

台か椅子に水平に腹ばい姿勢になります。この格好から泳ぎのまねをします。体幹をまっすぐに保ちながら、腕を回したり、足をバタバタしたりして、手足の動かし方や息継ぎのタイミングを確認します。肩が台や椅子から出るように気をつけます。

遊びのコツ

台や椅子が転倒しないように気をつけて行いましょう。バランスボールでもできます。

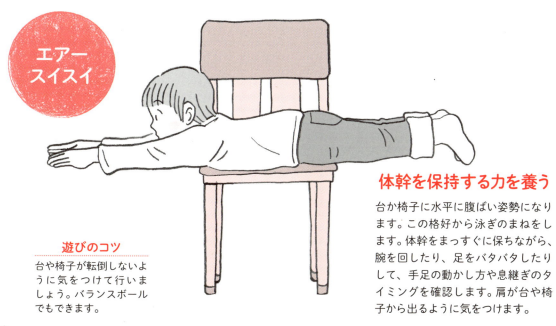

タオル回し

手首を返す動きを養う

タオルの片端に結び目を作り、結んでいないほうを持ち、ひじを曲げたまま、なわ跳びをするときのように、手首を返してタオルを回します。手首の動きの練習になります。

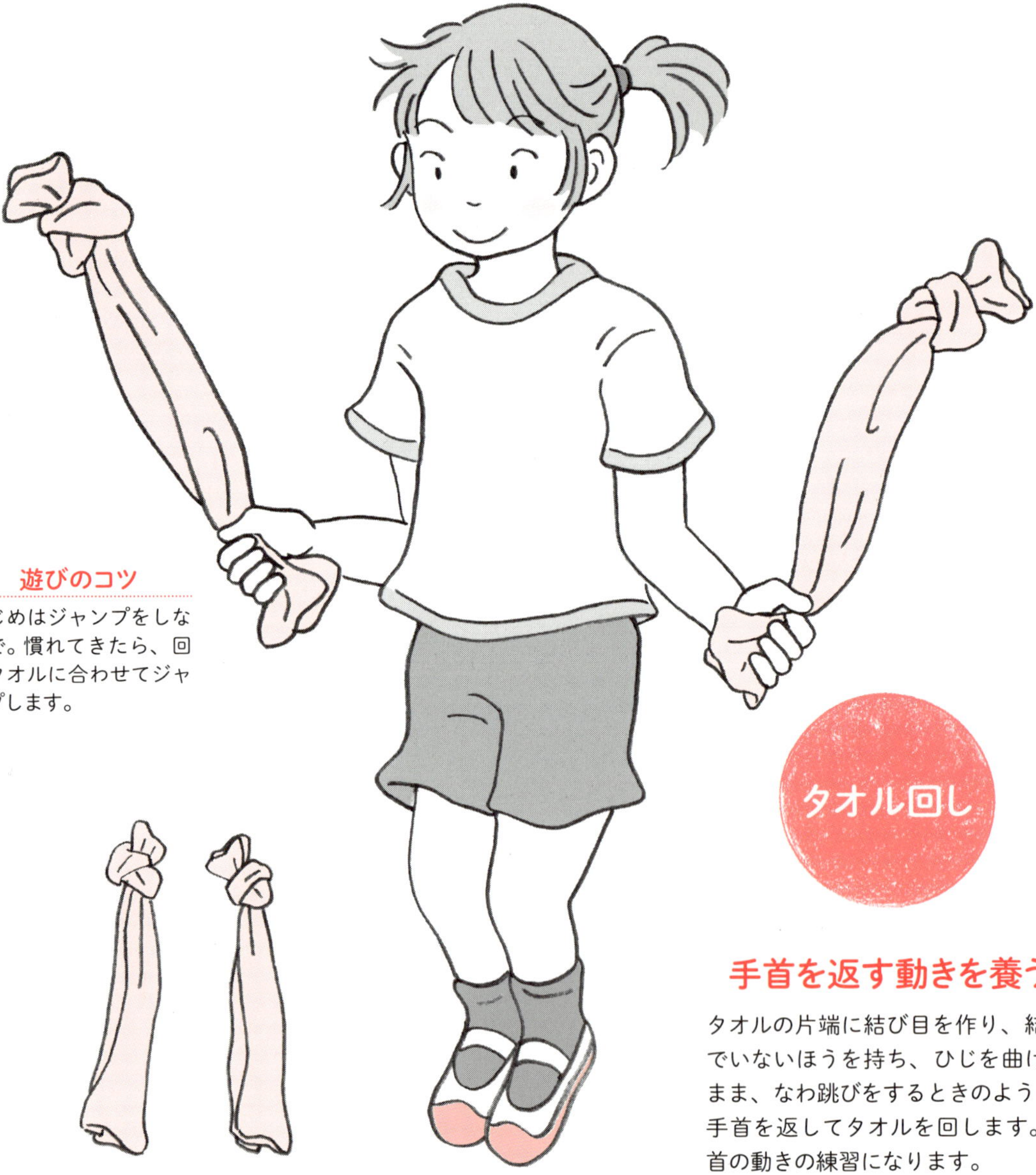

遊びのコツ

はじめはジャンプをしないで。慣れてきたら、回すタオルに合わせてジャンプします。

タオルを２本用意し、それぞれの端を１回玉結びにします。

つま先ジャンプ

つま先で姿勢を保つ練習

ドンドンと足の裏全体で跳ぶジャンプになっている場合には、つま先に重心を移動させてジャンプできるように促します。つま先に体重を乗せて、ひざを屈伸させて軽くジャンプします。連続で何回できるのか確認しましょう。つま先立ちでバランスをとる力と、ジャンプ力を高めます。

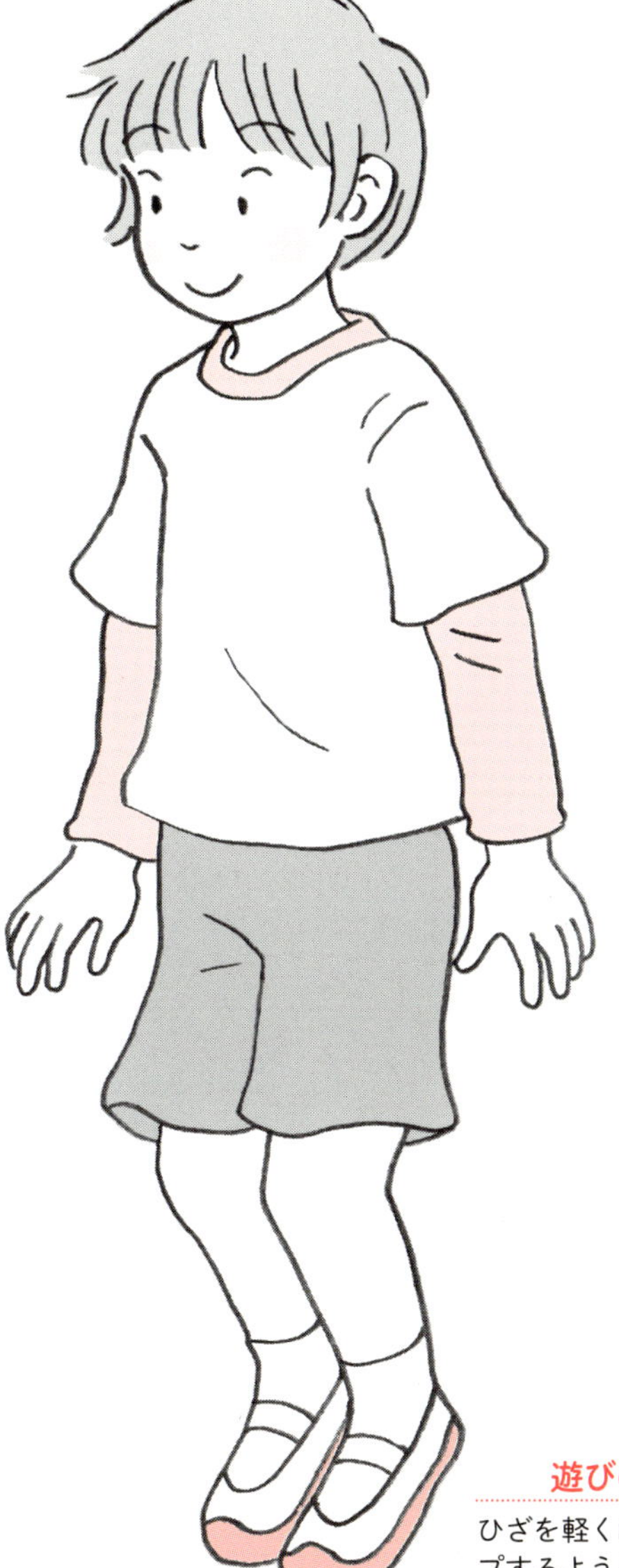

遊びのコツ

ひざを軽く曲げてジャンプするように促しましょう。足の裏全体がついているのはNGです。

単純な繰り返しでなく部分の動きの学習からサポートを

運動が苦手とあきらめずに、その子の体のレベルに合った課題を見つけて、適度なサポートをしてあげると、できることが増えます。なわ跳びが跳べる、前転ができるなど、成功体験が増えると、子どもの自信につながり「もう１回やってみたい」と意欲も生まれます。どこでつまずいているのかを見つけてあげましょう。

授業の進行に合わせて、さまざまな道具を器用に使いこなす

姿勢
はさみなどを使って、指先を効率よく操作するには、座位姿勢の安定が大切です。
目
先生の話を聞きながら、黒板、教科書、道具を見るなど、自分のペースではなく、適宜指を動かしながら見ることが求められます。
指
先生の指示に合わせて、つまむ、握るなど、手指の素早い操作が求められます。
手首
はさみなどの道具の使用には、指先だけでなく、手首の力も必要となります。

図画工作では、はさみ、のり、色鉛筆など、さまざまな学用品を使用します。授業の進行に合わせて、適宜、道具を使い分けなければなりません。また、自分のペースではなく、時間内に作り上げなければなりません。

はさみはクレヨンや鉛筆と同じくらい、授業でよく使われる道具です。操作を間違えると手を切る危険性もあります。上手にはさみで紙を切るためには、まっすぐ座って紙や線をよく見て、はさみと紙をしっかり持って切ることが必要です。

また、はさみを机から浮かして保持するには、腕を保持する力も必要です。授業の時間内に作品を完成させるには、紙を折ったり、のりをつけて貼ったり、いろいろな手指の動きを駆使しなければいけません。

こんな様子があれば「できる」を増やす遊びをやろう

のりを上手に使えない

のりを容器からすくえなかったり、こぼしたりして、紙にのりを指でのばすことができない。

P88 シール貼り　P90 ブロック遊び

はさみを上手に使えない

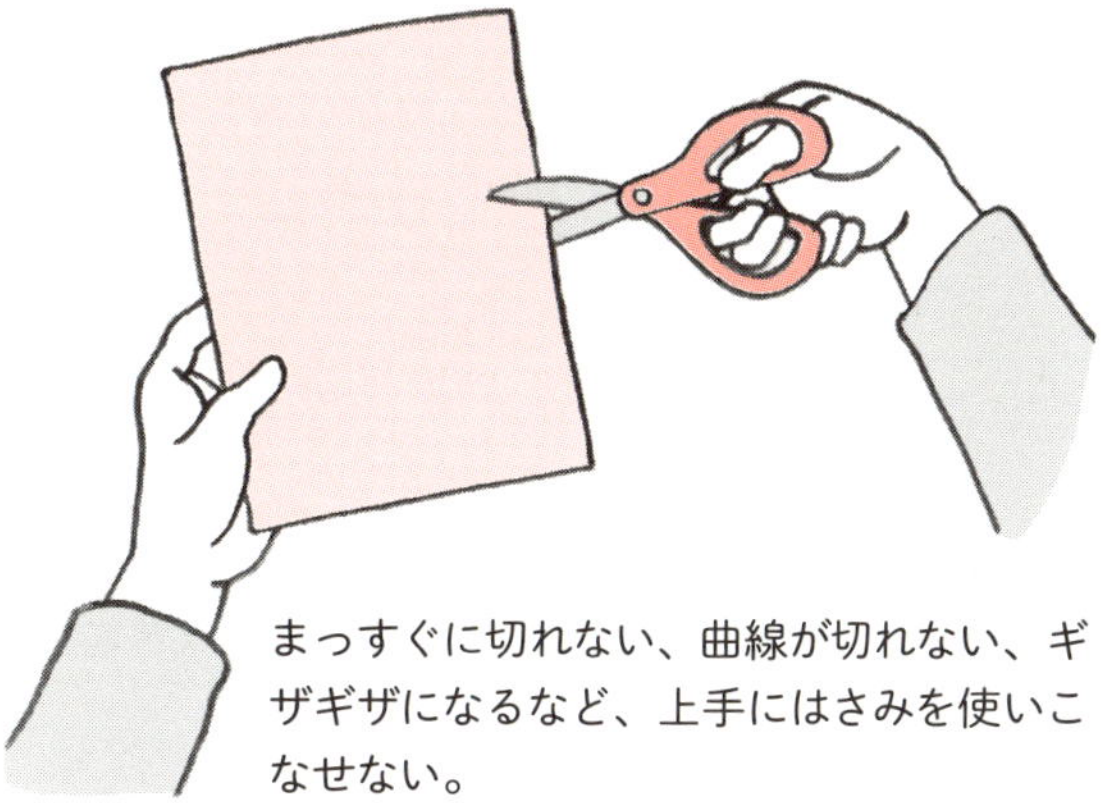

まっすぐに切れない、曲線が切れない、ギザギザになるなど、上手にはさみを使いこなせない。

P89 3本指体操　P89 輪ゴム鉄砲
P91 ワンカット法

セロハンテープを上手に使えない

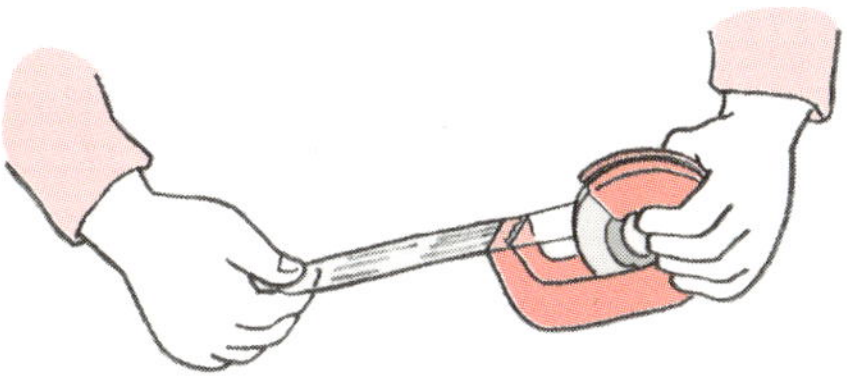

セロハンテープを引っぱりすぎる、カットするときに強引に引っぱるなど、力の加減が苦手。

P90 ブロック遊び
P90 あやとり

紙をきれいに合わせて折れない

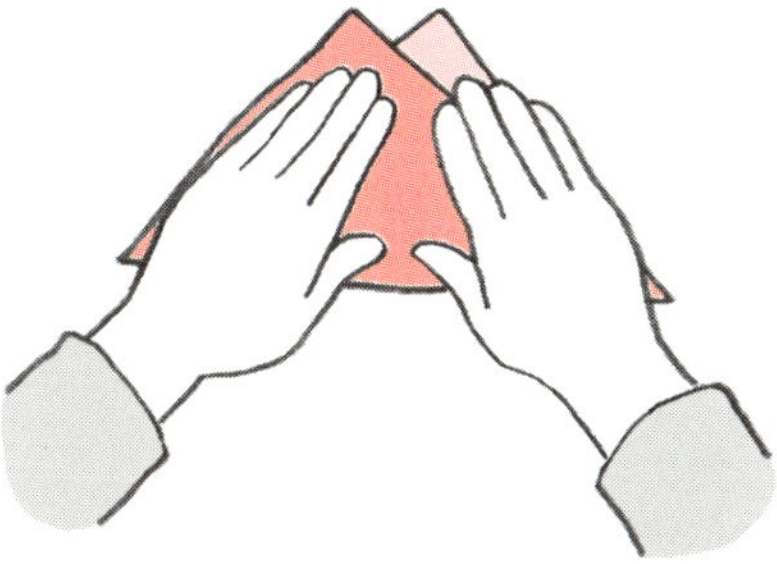

指先に力を入れて紙をしっかり折ることができない。折り紙や画用紙などを、紙の角を合わせて上手に折れずに、ずれてしまう。

P88 チラシ折り

紙を貼るのが上手にできない

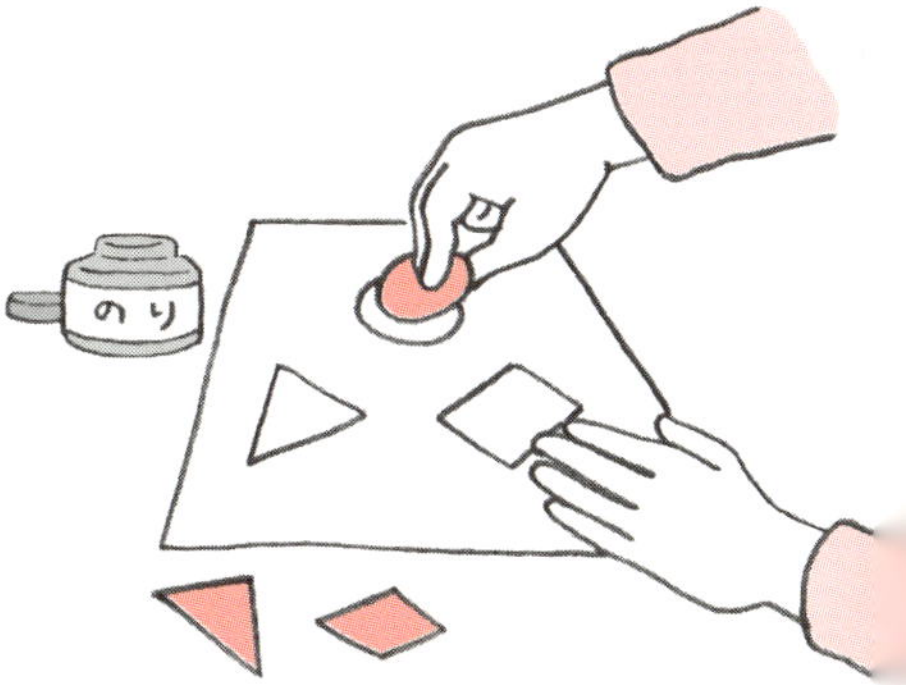

切った紙にのりをつけ、台紙に貼るときに、上手に貼ることができず、枠や線からずれてしまう。

P88 シール貼り

チラシ折り

指先で押さえる、つまむ練習に

チラシや色紙などを折ります。半分ずつに折っていき、どれくらい小さくなるまで折れるかやってみましょう。ジャバラに折るのもよいでしょう。紙をつまんで、角を合わせ、押さえながら他の指で折り目をつけるという一連の動きの練習になります。

遊びのコツ

指の指紋部を使って折っているか確認しましょう。

シール貼り

指先のつまみの動きを促す

大きいサイズから、小さいサイズまで、さまざまなサイズのシールがあるので、シールを台紙からはがして、紙などに貼りつけていきます。シールをはがし、紙につけるのは、つまみの学習になります。好きな絵のシールを用意してあげましょう。

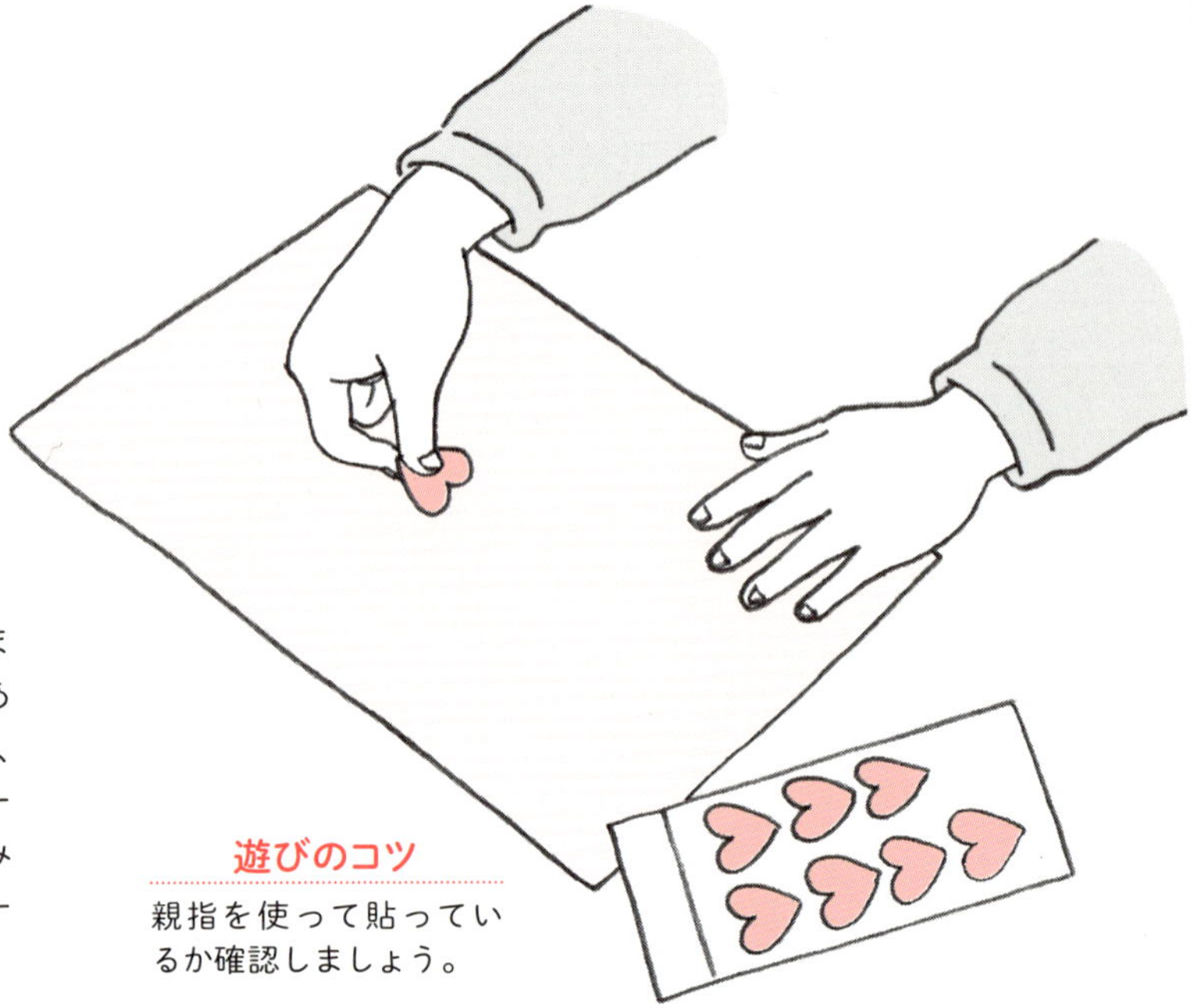

遊びのコツ

親指を使って貼っているか確認しましょう。

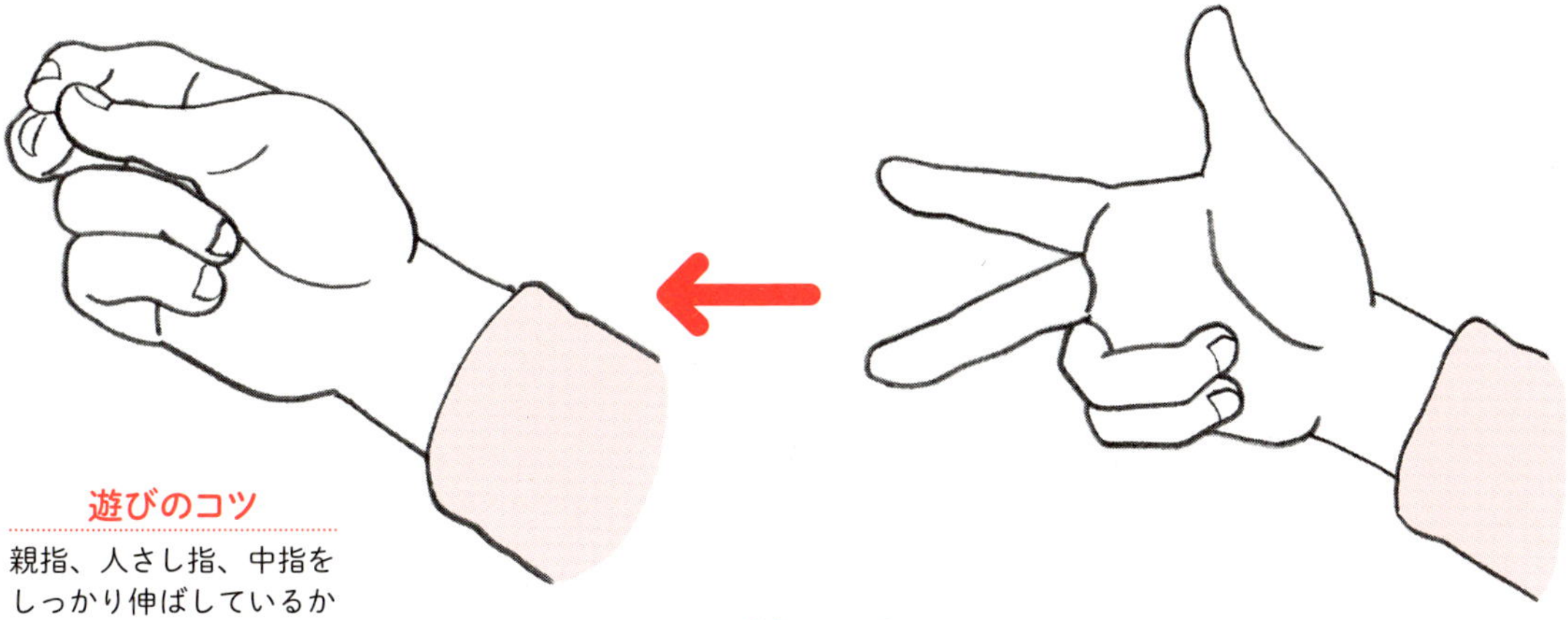

3本指体操

はさみを使うときの指の動きが身につく

薬指と小指は曲げたまま、３本指（親指、人さし指、中指）をゆっくり同じスピードで曲げたり、伸ばしたりしてみましょう。このとき薬指と小指は動かないようにします。この体操ではさみの操作が身につきます。

遊びのコツ

親指、人さし指、中指をしっかり伸ばしているか確認しましょう。

輪ゴム鉄砲

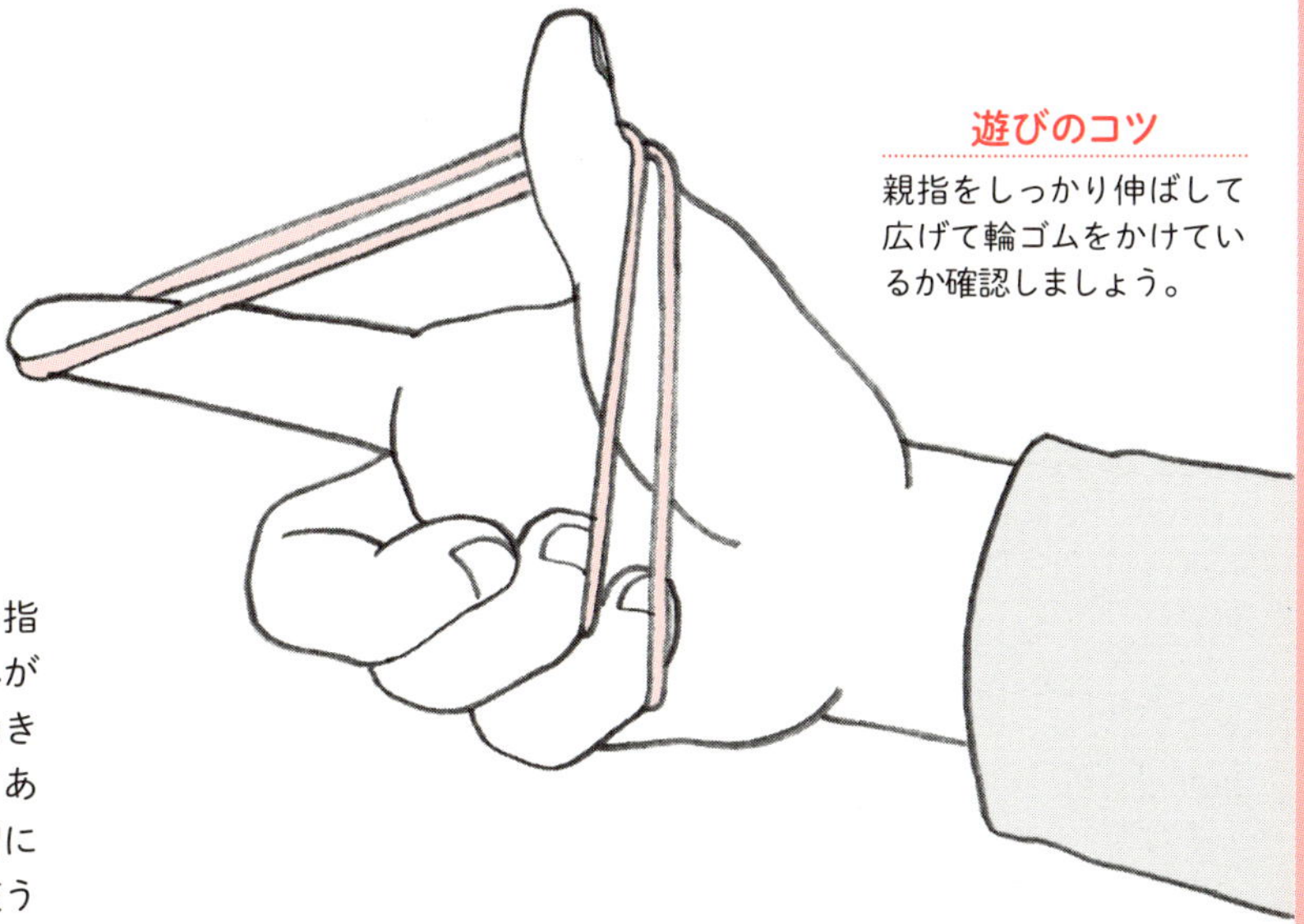

はさみの指先操作が身につく

輪ゴムを指につけるときに、曲げる指と伸ばす指とが分かれ、それぞれが別の動きをする、指の分離的な動きが必要になります。標的を決めてあてるゲームでは、しっかり見る練習にもなります。この遊びではさみを使うときの指先操作が身につきます。

遊びのコツ

親指をしっかり伸ばして広げて輪ゴムをかけているか確認しましょう。

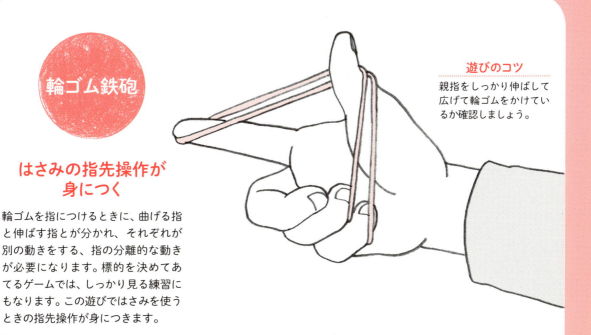

ブロック遊び

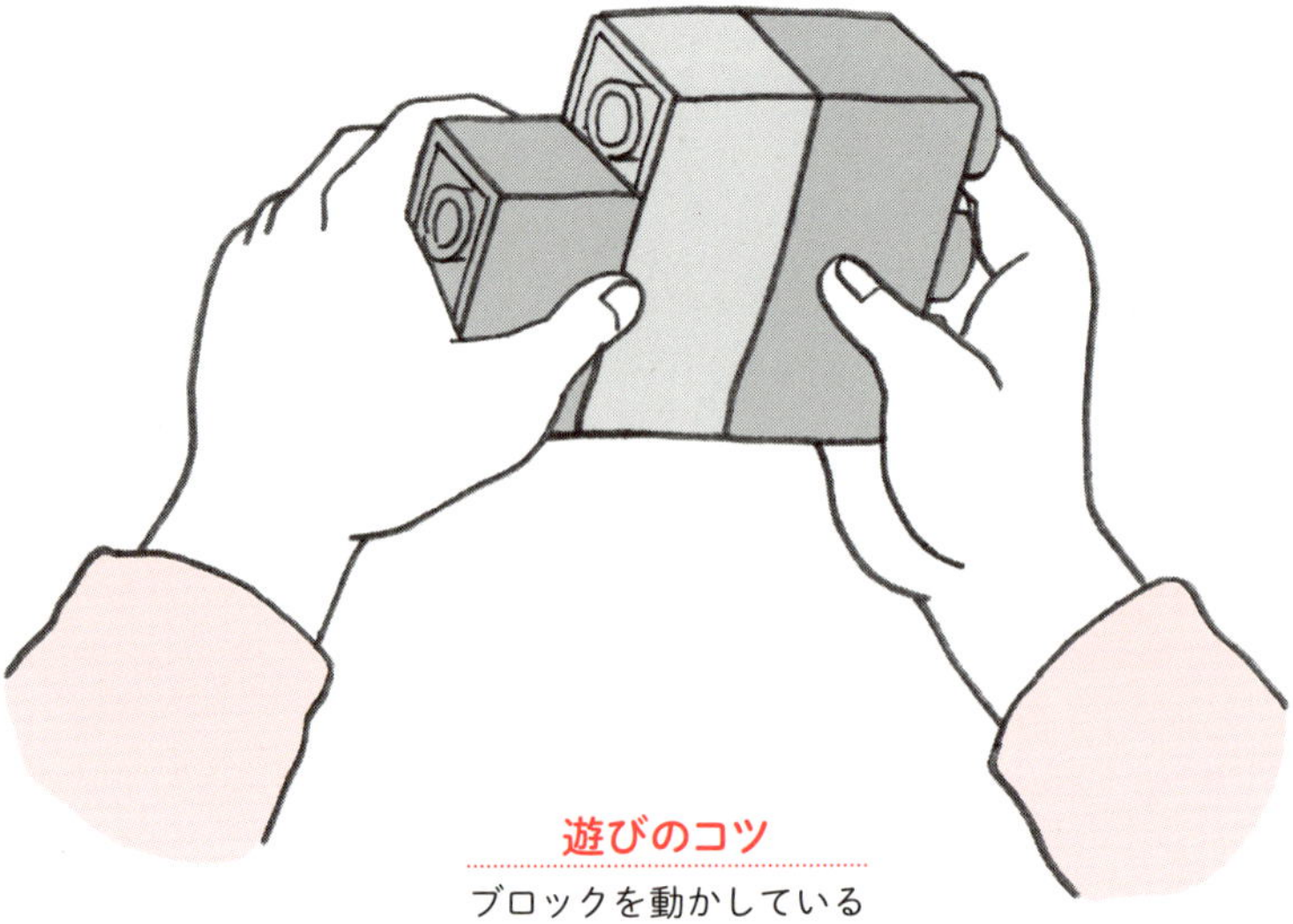

手首を起こして指先を動かす

指をそれぞれ動かす分離的な動きを促すには、ブロック遊びがおすすめです。ブロックは小さいサイズではなく、大きめのものがよいでしょう。親指、人さし指、中指でブロックをしっかり持つことで、はさみの指先操作が身につきます。

遊びのコツ

ブロックを動かしているときに、手首が起きているか気をつけましょう。

あやとり

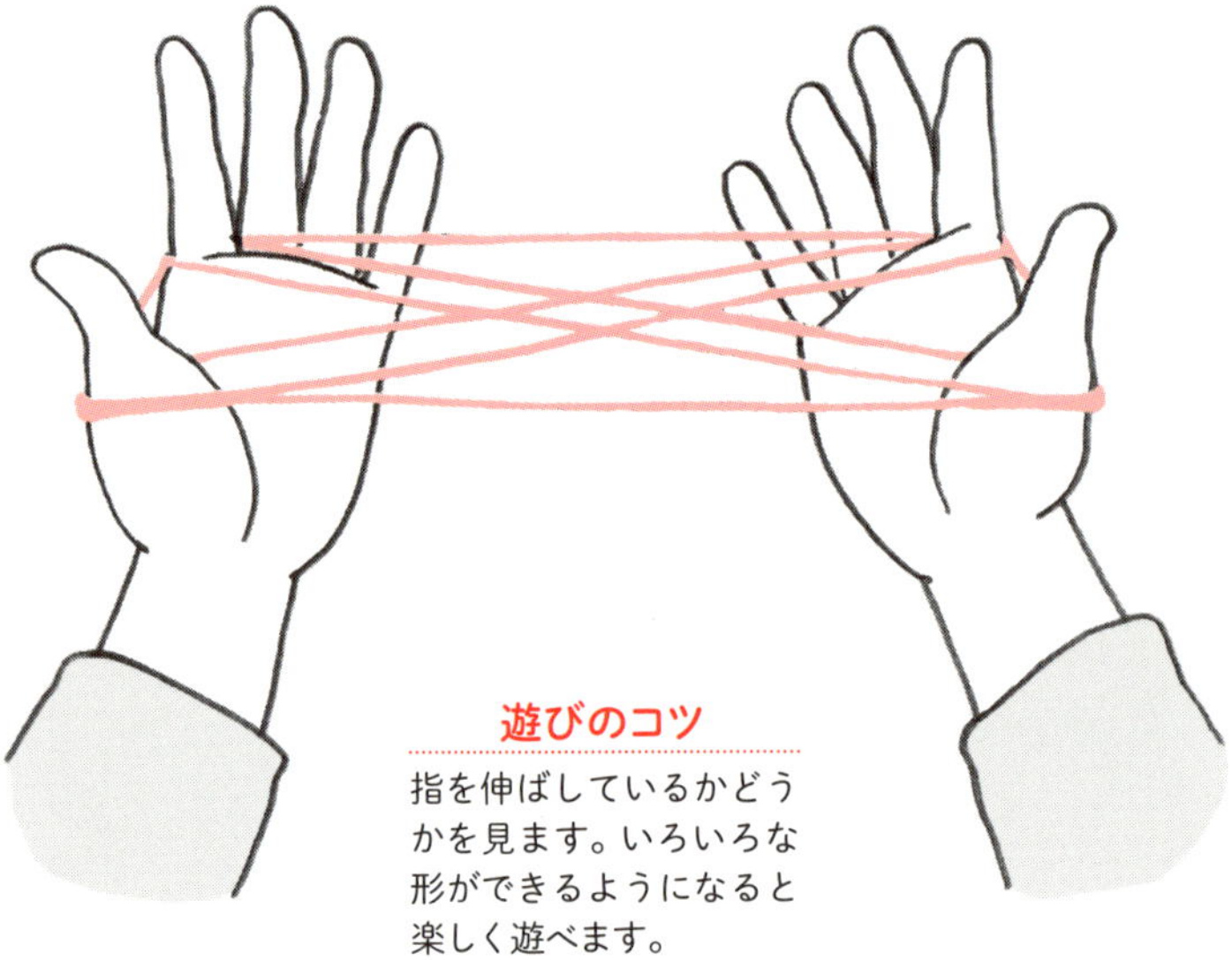

指先を器用に動かす力を育てる

両手を使い、ひもを操作するあやとりは、指を伸ばすこと、指の分離運動をすること、手首を反らす力などを養います。それらの動きがはさみを使う、紙を折るときなどの指先操作につながります。

遊びのコツ

指を伸ばしているかどうかを見ます。いろいろな形ができるようになると楽しく遊べます。

ワンカット法

1回で切れるように、紙のサイズを小さく（3センチ幅程度）します。1回で紙を切ることを積み重ねて、手首の固定や3本指の動かし方を学ばせましょう。子どもの上達に合わせて、紙のサイズを大きくして、2回、3回切りと段階づけていくとよいでしょう。そうするうちに、連続切りができるようになっていきます。紙は少し厚みのあるほうが、切るときのはさみの使い方が身につきます。

はさみの操作は、指の分離運動と手首の使い方がポイント

体育と同様に、図工も「できる」「できない」がはっきりしやすい教科です。不器用だからとあきらめずに、適したサポートをしましょう。苦手なまま練習ばかりしても上達しません。はさみの操作には、3本指を分離させて動かすことが大切です。その動きを促す遊びを生活に取り入れることで、いつのまにかはさみが使えるようになります。

指の操作だけでなく、口の動きやリズム感なども求められる

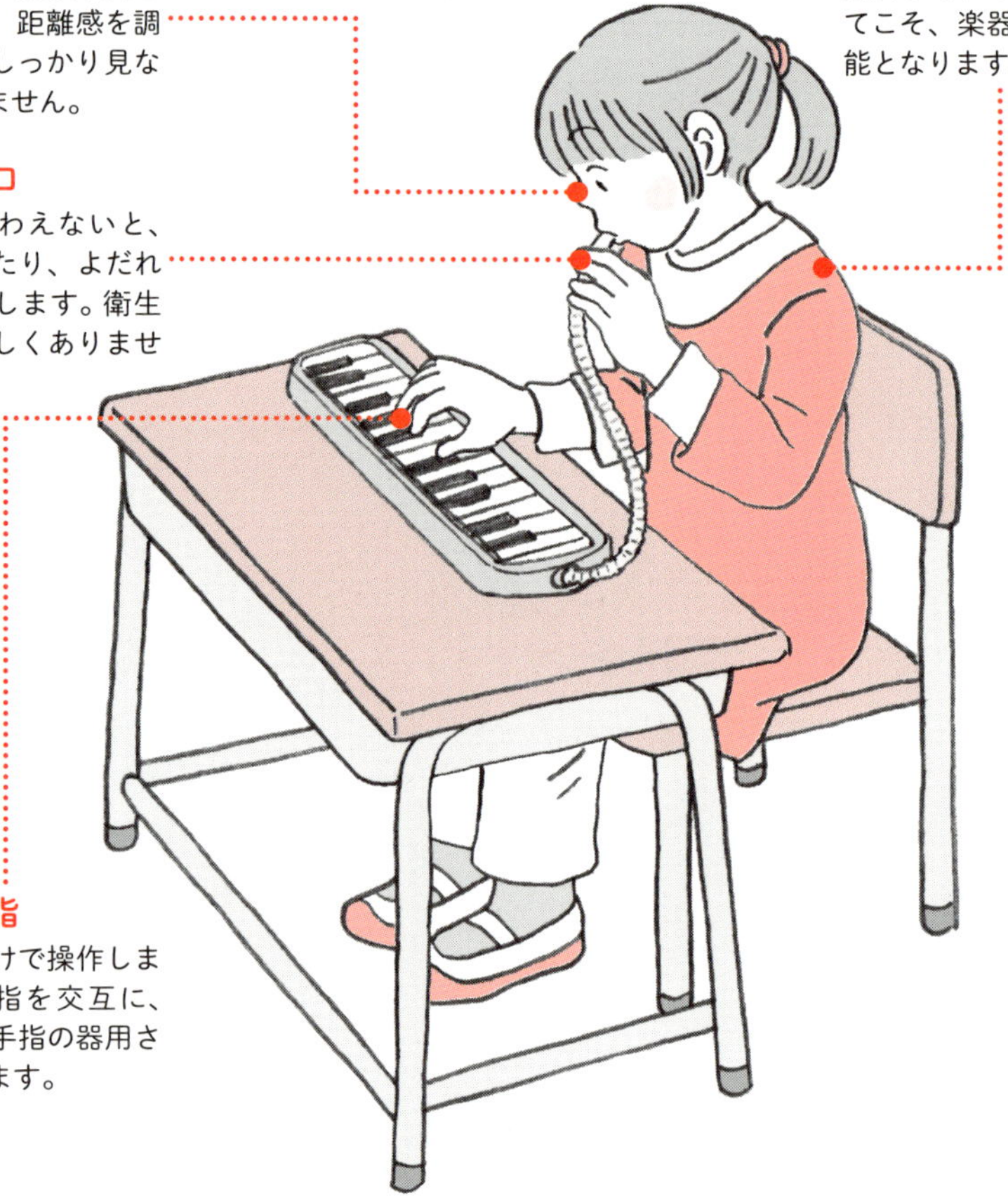
目
鍵盤を見る、黒板や先生を見るなど、距離感を調整しながらしっかり見なければなりません。
口
しっかりくわえないと、空気が漏れたり、よだれが垂れたりします。衛生的にも好ましくありません。
指
人さし指だけで操作しません。5本指を交互に、動すので、手指の器用さが求められます。
姿勢
姿勢よく、しっかり座れてこそ、楽器の操作が可能となります。

音楽の授業は歌うだけではなく、タンバリン、カスタネット、そして、鍵盤ハーモニカなどいろいろな楽器を使います。鍵盤ハーモニカは、一斉に弾くため、「できる」「できない」が目立ちます。

1年生の学習では、椅子に座り、机に鍵盤ハーモニカを置いて、鍵盤を片手で弾きます。吹きながら、鍵盤を見て弾くので、見る機能も重要です。また、吹いているときの姿勢が悪いと、鍵盤や先生を見ることが難しくなります。

さらに、聴く機能も重要です。吹いて出た音を聴いたり、みんなの音や、先生の声を聴いて、調整することが必要です。

このように、鍵盤ハーモニカをはじめ、他の楽器の演奏をするときにも、バランス感覚、視覚、聴覚、触覚など、さまざまな感覚器を働かせながら、指などの筋肉を使って操作します。

こんな様子があれば「できる」を増やす遊びをやろう

□ 鍵盤を5本の指で弾けない

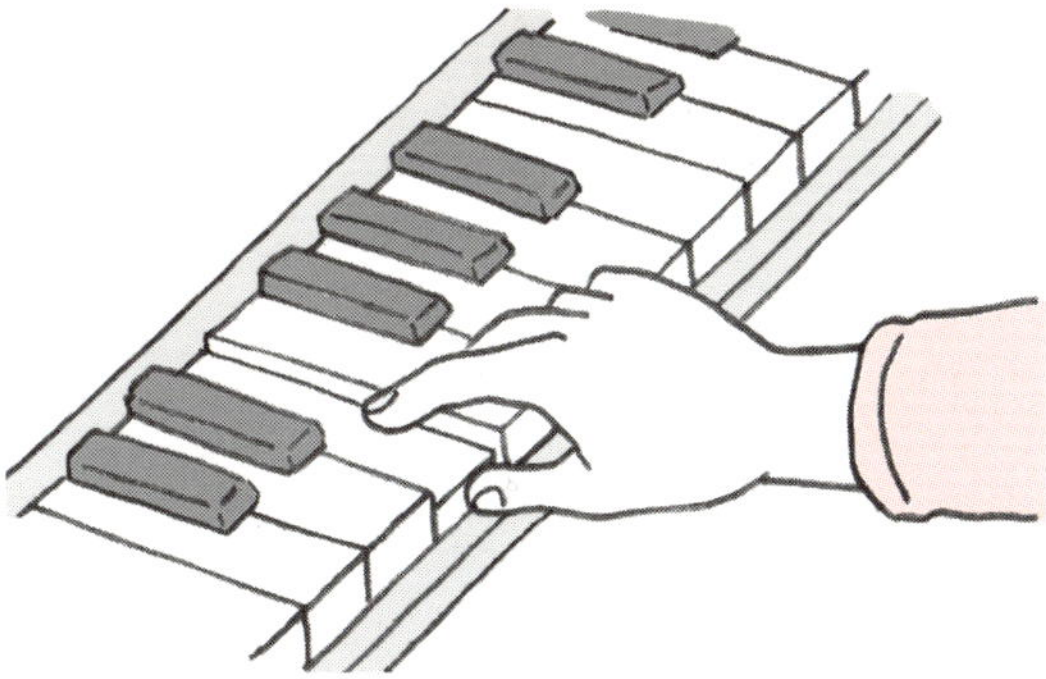

人さし指のみではできるけれど、親指、中指など、他の指を使って弾くことができません。

P95 シールボード

□ うた口をくわえられない

すきまがあく、強くかむ、よだれが出るなど、上手にくわえられず、息が吹きこめない。

P94 うに発声　P94 口まねっこ

□ 鈴が上手に叩けない

背すじがまがり、腕を高く上げたままにできず、すぐに下がって、鈴が上手に叩けない。

P95 お豆カラカラ

□ カスタネットをうまく叩けない

輪ゴムを指にセットできず、カスタネットを落としてしまう。手を高い位置に保つことが苦手。

P95 お豆カラカラ

□ 歌うときの声が小さい

歌を歌うときに、息が漏れる、かすれるなどして、大きな声が出せない。

P94 口まねっこ

うに発声

遊びのコツ

鏡を使って、見比べてみるのもよいでしょう。適度に休みをとりながら行いましょう。

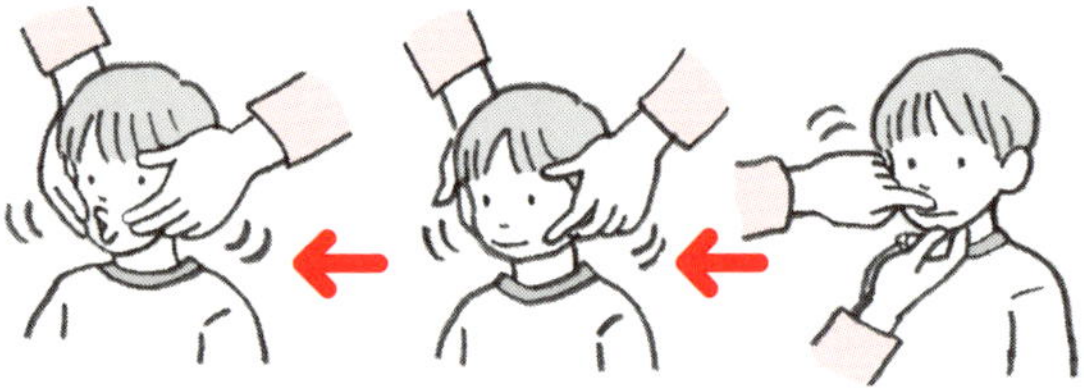

口の周りの感覚が過敏な場合は、口の上下や左右をマッサージしましょう。

うた口をくわえる力を高める

大人と向かい合い、「う」「に」と、大きくゆっくり口の形を作り、見本を示します。子どもにまねさせ、どっちがはっきり聴こえるかのゲームをしましょう。「う」は口をとがらせ、「に」は口角を左右に引くように促します。鍵盤ハーモニカのうた口をくわえるときの力を高めます。

口まねっこ

遊びのコツ

鏡を使って、見比べてみるのもよいでしょう。

口の周りの筋肉の働きを高める

大人と向かい合って、大人が口の形を作り、子どもがまねする遊びです。大きく開けたり、左右の口角を片方ずつ引いたりして、口の周りの筋肉の働きを高めます。発声やうた口をくわえるときの力を高めます。

シールボード

5本の指を
それぞれ動かす

紙や画用紙に、シールを5〜6枚貼ります。例えば、大人が「ネコ」と言って、子どもがそのシールを指で押さえる遊びをしましょう。人さし指だけでなく、5本の指を使って押すよう促します。鍵盤を見て押さえる、しっかり押す力を高めます。

遊びのコツ

指先だけにならないように、指紋部で押さえているか見てあげましょう。

お豆カラカラ

遊びのコツ

慣れてきたら、落とさないように歩いてみるのもよいでしょう。

カスタネットの持ち方が身につく

おわんと豆を数個用意します。豆をおわんに入れ、手のひらに乗せます。落とさないように、豆を動かしてみましょう。そのとき、指が丸まらないよう、指を伸ばすように促しましょう。カスタネットの持ち方が身につきます。

あとがき

「できない」とあきらめないで その子に合うサポートを

学校生活の場面に合わせて、基本の動きとともに、遊びプログラムを説明してきました。子どもの1年という期間は、変化が大きく力強さも感じます。そこを引き出すためには、ひたすら繰り返しの指導ではなく、ちょっと背伸びしてできる課題を見つけ出すことが大切です。そのステップからはじめたときに、子どもは、少しずつできるようになっていきます。

このとき、「小さなできたを、大きくほめる」ことが大事です。「まだできていない」ではなく、「○○ができたね！」「どうやってできたの？　ママ（パパ）に教えて」と、子どもにお母さん、お父さんのうれしい気持ちを伝えて、それから、できたことを具体的にほめてあげましょう。

これまで、体ができていなくて、失敗している子どもたちを多く見てきました。できるまでの反復練習の嵐、ドリルづけ、それでは、子どもの自尊心は育ちません。無用な失敗を繰り返し体験させているだけです。子どもは、「できない」ことを誰よりも、繊細に感じています。例えば、できる子どもの様子のビデオを、できない子どもにいくら見せても、決して自信や自己効力感（自分にはできるという気持ち）は高まりません。みずからの身体上の体験を通してはじめて、「自分もやれる」「できる」と、感じます。

子ども達と接していると、自己効力感は体の動きと密接に関わっていると強く感じます。学習が伸びない原因のひとつに、体の不器用さが関係していることが多々あります。体がついていかない、指先が思うように使えない、姿勢を保つことができない、速く走れないなど。そういう子は、いくら注意してもできないし、やる気がないこともあります。このように、やる気がない、やろうとしない背景には、基本の体の動きの未熟さが関係していることが多いので、大人は敏感にキャッチしてほしいと思います。

ここで紹介した遊びプログラムの内容がすべてではありません。これをヒントにして、お子さんに合ったやり方にアレンジしてほしいと思います。

上から目線ではなく、寄り添うようにサポートしてほしいとせつに願います。

笹田哲

斜めマスで文字や数字を書く練習をしよう

73ページと79ページに紹介した斜めマスです。コピーしてご利用ください。

ちいさい
マスにも
チャレンジ!

笹田哲

ささだ・さとし

神奈川県立保健福祉大学保健福祉学部教授。作業療法士。明治学院大学大学院文学研究科心理学専攻修了、広島大学大学院医学系研究科修了。作業療法と学校・園の連携を研究テーマとし、これまで学校・園を数多く訪問して、発達が気になる子どもたちの支援に取り組んできた。NHK特別支援教育番組『ストレッチマンＶ』番組企画委員も務める。著書多数。

カバー・本文イラスト／藤原ヒロコ
装丁・デザイン／城所潤＋大谷浩介（ジュン・キドコロ・デザイン）
編集協力／江頭恵子

入学前からはじめよう
発達が気になる子の
「できる」を増やすからだ遊び

2015年8月23日　初版第1刷発行
2021年8月8日　　　第2刷発行

監修　笹田哲
発行者　小澤洋美
発行所　株式会社小学館
〒101-8001 東京都千代田区一ツ橋2-3-1
電話　編集03-3230-5450
販売03-5281-3555
印刷所　共同印刷株式会社
製本所　株式会社若林製本工場

 ISBN978-4-09-310836-2

制作／太田真由美・望月公栄・星一枝　販売／小菅さやか
宣伝／荒木淳　編集／小川美奈子